大是文化

U0012279

速持股法，月月領10萬

月月領股息
的超強資產配置，
獲利極穩化的最快方法

方格子投資理財作家
阿福の投資馬拉松──著

配速持股法，三步驟幫你月領10萬

Step 1 選股

找有護城河競爭優勢的個股，例如……

特許執照
日友（**8341**）、崑鼎（**6803**）、可寧衛（**8422**）

轉換成本
德麥（**1264**）、鮮活果汁-KY（**1256**）、敦陽科（**2480**）

還有其他護城河：成本優勢、規模優勢……

Step 2 找買點
價值被低估的加速買進,被高估的減速或不買

個股用本益比算出便宜價

便宜價＝近 4 季每股盈餘總和 × 近 5 年最低本益比

合理價＝近 4 季每股盈餘總和 ×（近 5 年最低本益比＋近 5 年最高本益比）÷2

昂貴價＝近 4 季每股盈餘總和 × 近 5 年最高本益比

低於合理價就加速買進,高於合理價就減速或不買

指數型 ETF 用景氣對策信號評估

藍燈時加速買進,紅燈時減速或不買

Step 3 與配速員比績效
贏的留下來,輸的下次換掉

- 成長股與台灣 50（0050）比年化報酬率

- 定存股與元大高股息（0056）比年化報酬率

CONTENTS

第 **2** 章

6 大獲利法則，
別人恐懼我貪婪　073

CONTENTS

第 **5** 章

讓獲利更多、更穩定的三個策略　

後記
財務自由、
提早退休後的人生藍圖

推薦序一
別當錯誤的存股族，
掌握配速持股的訣竅

「股市隱者」臉書粉專版主／股市隱者

　　當我們選擇了投資這條路，目的就是為了要達到財務自由。如果想更快達到目標，我會建議不要把財務自由看作存量的概念，也就是想著要達到多少財富，才能放下所有事不做，開始享受人生。因為要實現這樣的財務自由，需要更長的時間才能達到。

　　如果換種角度思考，考量到投資的複利，不妨把財務自由看作流量的概念，也就是藉由長期投資，不斷累積持股，只要思考投資何時能產生足夠的現金流，來支付生活所需的花費。若能達到這種地步，就能算是財務自由，相對於累積到一定的錢才能放手退休，這種想法能更快達成。如果你是追求這種財務自由，就非常適合閱讀本書。

　　作者提出一套投資方式，能在五年內，達成月領 10 萬元收入。這樣算下來，一年能有 120 萬元，我想對於大部分人來說，都能過上愜意人生。因此本書很適合想要實現財務自由，但沒有

具體想法的人；也很適合喜歡投資定存股，卻不知道該如何提升長期報酬率的人閱讀。

作者提出的投資觀念，不拘泥於傳統理論過時的想法，而是非常實用的配速持股法。這套方法看起來像是定存股的觀念，實際上卻又與大家所熟知的定存股概念截然不同。過去市面上許多書籍，會提到可以透過投資定存股來達到財務自由，但有時候卻可能誤導讀者。

最常見的兩個誤導是：過度強調殖利率，以及過度強調定期定額的投資。過度強調殖利率，會讓人以為殖利率高於銀行利率，就代表有更高的收入，也更值得投資。但實際上，現金股利並非憑空而來，是從股價扣除而來。因此股票配息之後，如果無法填息，甚至出現股價下跌，即使帳面上有股息收入，實際上卻是更多的未實現虧損。

另外，強調定期定額的投資不是壞事，只是效果可能不彰，效率可能不好。效果不彰是因為有些人為了要遵守定期定額投資，就會只考慮投資低股價的股票，擔心股價太高，無法定期定額買進。但事實上，現在都能**透過零股交易**，實在**不必為了股價而錯失持有許多高價的好股票**。效率不彰是因為可能定期定額投資的時點，剛好都落在股票比較貴的時候，能買到的股數也會比較少。**以定存股的投資角度而言，我更認同作者提出的配速持股法**。

為了避免傳統定存股可能產生的投資盲點，作者提到的**配速**

持股法，強調的重點就在於選股與擇機：

選股：若以定存股的角度累積持股，我們**要買的股票，是具有長期競爭力的好公司，而不是只看殖利率高低，或是由股價高低來決定買誰。因為有競爭力的公司，配息之後才更有機會填息，而填息，才是讓投資人真的賺進現金股利。**

擇機：若以定存股的角度累積持股，我們要買股的時機，是在股票便宜時多買一點，股票變貴時少買一點，相對於定期定額買股，這樣能更快速的累積更多股數。

這本書還有一個特點，就是作者擅長以深入淺出的方式，提供讀者很多正確的投資觀念，即使對財務理論不熟，也能完整的了解作者想要傳達的內容。除此之外，本書的用字遣詞也非常有親和力，讓整本書讀下來生動有趣，同時又能吸收有用的投資觀念，會讓人閱讀時不想停下來，想要繼續挖掘作者的更多想法。

另外，這本書能帶給讀者很強烈的共鳴，是因為作者和大部分的投資人一樣，都有類似的背景：有一份正當的工作，投資只是副業，學習也是從無到有；也有著和大部分投資人相同的目標，就是透過一套具體的投資方式，早日 FIRE（財務自由、提早退休）。

本書從財務自由的事前準備、選股、投資組合，以及投資策略，都有完整篇章撰寫該如何執行。更難能可貴的地方在於，

作者不只說說而已，而是身體力行這套投資方式，最後也成功 FIRE。這代表著，如果作者能做到，那麼有著類似背景、相同目標的讀者，只要依循明確的道路前行，一定也能走向財務自由的美麗境地！

推薦序二
投資要配速，越跑越輕鬆！

價值投資達人、抱緊股專家／股海老牛

「馬拉松」一詞出自於古希臘時代，當時希臘擊敗波斯軍隊後，為了要傳遞戰爭勝利的訊息，而讓傳令兵一路跑回雅典城報捷。是以在 1896 年的雅典奧運會中，馬拉松被列入正式奧運競賽項目。

就投資而言，拿參加一場馬拉松比賽來類比投資，再適合不過了。投資所面臨的考驗並非在剛起跑的第一哩路，而是如何堅持到最後一哩路。所以在馬拉松比賽中，比的不是短期的爆發力，而是恆毅力的展現。

對老牛來說，在投資路上如何分配體力與速度，進而通過「財務自由」的終點線，省力的技巧有三：

1. 跑在正確的賽道上

在金融市場當中，有不少投機者喜歡今日看多、明天轉而看空，甚至三心二意的想要抄捷徑，最終反倒迷失於該走哪個方向，結果體力、心力耗盡，在中途就畢業離場。但對長期投資者

來說，我們總是專心一致，知道方向在哪裡，不慌不忙的邁開步伐，朝著終點穩穩前進就好。

2. 提升肌力與耐力

馬拉松跑者必須透過訓練來鍛鍊出足夠的肌力，不只能以正確的跑步姿勢向前跑，也可以在比賽中維持得越久。而投資人如何汲取足夠的養分，來提升投資的肌力與耐力呢？可以參考本書作者阿福給投資人的建議：從閱讀經典投資書籍開始，提升投資水準，能夠有效率的改善你的投資方式，才能夠越跑越輕鬆。

3. 運用配速保有優勢

真正的馬拉松跑者懂得在這 42 公里中配速，不疾不徐的跑完全程；投資不是百米衝刺，在這段過程中該如何進行配速呢？

首先在前段一定要具備耐性，切莫心急，別跟著短線的投機者一起衝來衝去，避免影響自己的投資情緒。進入中段時，你與投機者的差距會逐漸拉開，記得慎戒傲慢。

價值型投資人懂得從財報中找出一家公司的含金量，並且透過長期投資，也有助於報酬率的提升。而到了最後一哩路，關鍵在於保住優勢，減少失誤的發生，避免巨額虧損而毀掉領先的距離。

在市場中的必勝法則，並非要跑得快，而是要懂得持久。打造出和你最速配的投資組合，持續累積，通過「財務自由」的終

點線。透過阿福以跑馬拉松的心得，應用於價值投資的經驗，讓你懂得在投資中如何配速、如何獲得關鍵補給。跑在正確賽道，找出最省力的跑法，才能越跑越輕鬆，一起成為市場贏家吧！

推薦序三
投資人最值得上的一門課
——資產配置

「HC 愛筆記財經部落格」版主／張皓傑

如果有投資朋友問我：「我想學投資，你建議可以從哪裡開始？」我會毫無疑慮的回答：「資產配置。」

閱讀完阿福在這本書分享的「配速持股法」後，竟發現與我自身的投資系統「睡美人投資法則」，兩者的核心觀念不謀而合，正所謂英雄所見略同。我們的投資系統，都是聚焦在「資產配置」。

如同阿福在書裡所講述，參與市場的投資人，就如同參與馬拉松的跑者，在賽前會擬定好配速策略，應在擅長的路段中加速，而在應保留體力的時間減速，如此一來，才能在整段賽程中隨時保持最佳狀態，贏得最終的勝利。

在投資的領域上，我們則須依照自身的風險承受度、年齡以及個人偏好，量身打造出一套世界上獨一無二的資產配置方式。

許多剛踏入投資領域的新鮮人，總是抱持著「我資金不多，還不需要資產配置」的想法，但其實需不需要資產配置跟資金多

寡無關，資產配置背後隱含的投資奧義，才是投資人值得花心血研究的。

我認為「資產配置」的好處有幾個：

1. 風險控管

將資金妥善規畫到不同的資產類型，可以幫助風險控管。例如有些投資人喜歡炒短線玩槓桿，但若是有設定投入的資金比例上限，就算該部位遭逢巨大虧損，對整體資產的傷害仍是有限的。

2. 再平衡

透過資產配置中各個資產類型每年的表現不同，每年做再平衡時可以賣掉表現較好的部位，轉而買進表現較差的部位，就可達成股市獲利的不二法則──「低買高賣」。

3. 降低波動

資產配置中不同類別的資產，若是其相關性低，例如股票跟債券，同時配置有時候會遇到一邊上漲、一邊下跌的狀況，組合起來會降低資產下跌的幅度，達到降低波動的好處。

在這本書裡，阿福不吝於分享自身資產配置的實戰經驗，涵蓋國內外的指數型 ETF 以及個股投資，從如何挑選、判別目前

高低價位、質化與量化的分析，最後達成 48 歲提早退休、財富自由，著實令人羨慕。

　　本書內容鉅細靡遺，可作為投資人擬定資產配置的參考。此外，有別於坊間誇大不實（教你如何資產翻好幾倍）的投資書籍，本書給讀者一種穩健踏實的感受，阿福教的方法是任何散戶都能做到，也確實可以拿到不錯的長期報酬。

　　我們都是投資馬拉松的一名參賽者，唯有正確的投資觀念，才能引領我們在這場馬拉松競賽中，跑得更長遠，最後贏得人生投資目標！

我用配速持股法，
5 年就達到財富自由

　　我是阿福，一名業餘馬拉松跑者，曾擔任美商 IBM 公司專案經理，這本書是我將多年跑馬拉松的心法應用於投資上，所建立的「配速持股」投資哲學，它讓我在 48 歲這一年時實現財務自由、提早退休。

為什麼「投資就像一場馬拉松」？

　　馬拉松是全程 42.195 公里的長跑運動，跑者會擬定自己的配速策略（何時該加快速度累積里程，何時該放緩下來穩定氣息），或是跟著配速員的速度前進，同時需要學習應對和預防路程中突然抽筋，才能踏著穩健步伐安然抵達終點。

　　投資和馬拉松的心法是相通的，投資時要先評估各種標的的年化報酬率與風險，選擇適合自己的投資方式，並把能夠反映大盤的指數型 ETF，當作投資配速員作為績效參考指標。**投資過程若遇到股災，就像跑步抽筋在所難免**，因此也需要學習運用資產配置來降低波動，才能穩健達成投資目標。所以說，「投資就像

一場馬拉松」。

健康亮紅燈，開啟跑馬人生

我是在 40 歲之後才開始跑馬拉松，當時常覺得身體疲累、精神倦怠，在 IBM 提供的員工健康檢查報告中，發現紅字項目逐年增加，於是我鼓起勇氣參加公司的愛跑社，希望鍛鍊身體，消除報告上的紅字。

愛跑社會定期舉辦團練，也會揪團參加各大路跑賽事，像是美津濃（Mizuno）馬拉松接力賽，我們就以「台灣國際慢跑機器」為隊名參加；2013 年的台北富邦馬拉松，我更是在大雨滂沱中完成人生第一場全程馬拉松，挑戰初馬成功。

當跑步養成習慣後，我的生活作息變成早睡早起，每天 5 點起床，上班日時 6 點出門跑步運動，週末時再外加一個長距離的輕鬆慢跑，漸漸的身體變健康，精神也變好，這是在跑馬拉松之前無法想像的。

投資也配速，創造月領 10 萬新人生

我從研究所畢業後沒多久就開始投入股市，由於在 IBM 的工作很忙碌，沒有太多時間研究股票，加上聽過很多股票操作失敗而傾家蕩產的故事，所以不敢將辛苦賺來的錢大筆投入，只敢小資金進出，大部分的收入還是都存起來。

一開始投入股市時，我是操作短線賺差價，因為從小看父母

就是跟著媒體報導買股票，耳濡目染之下自然使用相同方式。一直到了 2015 年時，我已經 43 歲，開始有了中年危機，心裡想著何時才能退休？**但多年來股市短線進出，並沒有讓我累積財富，到底問題出在哪裡**？從那時候起，我大量閱讀投資大師的書籍想要尋找答案。

2013 年挑戰全程馬拉松成功後，我保持跑步的運動習慣已經有兩年時間，在閱讀多本投資經典後，我發現投資和跑馬拉松的心法是相通的，短線衝刺只會耗損體力（資金），無法撐到完賽（獲利），於是嘗試將跑馬拉松必須控制速度的心法應用於投資上，慢慢形成了自己的「配速持股」投資哲學，並從 2017 年 9 月開始，以「阿福の投資馬拉松」為名在臉書分享自己在投資馬拉松路上的心得。

這段時間裡，我用「配速持股」的方法不斷加大資金投入、累積資產，到 2020 年時，我的股市總資產市值達到了 2,000 萬元，每年定存股的股息收入，加上成長股的價差獲利，可月領 10 萬元。由於老婆是國中老師，計畫再教六年即取得月退俸資格，因此我目前的投資組合裡配置了較高比例的成長股，追求資產總市值的成長，隨著老婆六年後退休時間到來，再逐步調高高殖利率定存股的比例，這樣評估下來，每月 10 萬元的股票收入已經可以支應日常生活所需，達成我的財務自由目標。

什麼是「配速持股」法？

配速持股法是「價值低估時買進加速，高估時減速的投資紀律，買進後長期持有，逐步累積資產」。不論應用在個股投資或是指數型 ETF 投資，心法都相同，區別只在於參考指標不同，詳細說明如下：

個股投資：當股價低於合理價時買進加速，高於合理價時減速，估值方法是使用本益比法，透過財報數字計算出個股的便宜價、合理價、昂貴價，在股價低於合理價時就加碼買進（見第 2 章第 5 節）。

指數型 ETF 投資：當指數在相對低檔區時買進加速，相對高檔區減速，估值方法是短期使用技術指標 K 值，當台股大盤指數 K 值小於 20 時就是低檔區，這時加碼買進；長期則參考景氣對策信號，出現藍燈時為低檔區，可以強力買進。兩項指標其中一項符合就可以加速買進，當兩項同時符合時更佳，更應強力買進（見第 2 章第 3 節）。

本書內容架構

本書共有五個章節，第 1 章首先討論我如何擬定財務自由提早退休的計畫，從建構投資目標、投資哲學開始，透過投資斷捨離、確認財務自由數字、評估投資績效及撰寫投資週記來達成目標。

第 2 章討論配速持股的 6 大獲利法則，包括運用資產配置因

應波動、看景氣對策信號進行指數投資、看公司護城河競爭優勢進行個股投資，並介紹個股價值評估和股票買賣評估的方法。

第 3 章將探討配速持股的三大關鍵補給，包括閱讀投資經典書、量化分析與質化分析，以增進投資能力圈。

第 4 章會介紹我自己的投資三大組合，有投資標竿、食品類股、環保類股，提供投資朋友參考。

第 5 章討論讓獲利更多、更穩定的三個策略，以及退休金提領源源不絕的方法，最後探討財務自由、提早退休後的人生藍圖，包括夢想清單、均衡人生課題。

投資新手、準退休族、長跑者都適合「配速」

本書適合三種人閱讀，第一種是**投資新手與短線操作者**，如果過往的投資經驗是勞心勞力又沒賺到錢，或是想要從眾多投資學派中找到適合自己的投資方式，這本書遵循「股神」巴菲特（Warren Edward Buffett）的價值投資，與「指數型基金教父」約翰‧柏格（John C. Bogle）的指數基金投資，可以提供不一樣的投資選擇。

第二種是**計畫退休的人**。這本書完整記錄了**我利用 5 年時間達到財富自由、提早退休的投資方法**，對於想要退休但不知道如何打造被動收入的人，是一個系統歸納與實際應用的參考。

另外，如果你是**馬拉松跑者**，這本書也很適合閱讀，因為這是市面上第一本關於「馬拉松跑者從事投資」的書，歡迎跑友一

起加入投資的馬拉松，在方向正確的賽道上奔跑，早日達成財務自由目標。

致謝投資教練，帶領建立投資哲學

從短線投機進入價值投資和被動投資，我大量閱讀國外投資經典，學習股神巴菲特的價值投資，以及約翰・柏格的指數基金投資，同時閱讀國內投資達人的書籍，曾經參加華倫老師、施昇輝老師、闕又上老師的課程演講，華倫老師的價值存股和穩中求勝哲學，施昇輝老師的 0050／0056 投資方法和樂活分享人生態度，闕又上老師的阿甘投資法和均衡財富人生哲學，都是我的投資教練，受益良多，再加上自己跑馬拉松心法，建立這套「配速持股」的投資哲學，非常感謝各位老師們給予我的投資啟發。

Ⓢ 理財小知識

● **定存股**

能夠像銀行定存一樣，可以定期獲得利息收入的股票，就是定存股。股票配發利息會有現金股利及股票股利兩種，定存股著重在現金股利，必須是每年都穩定配發，且利率比銀行定存高。現金股利的利率稱為殖利率，算法是當年度配發的現金股利除以買進的股價。

$$殖利率＝\frac{當年度配發的現金股利}{買進的股價}$$

● **成長股**

　　當公司的營收及盈餘都持續成長，且成長速度比整個產業甚至國家發展更快時，即可視為成長股。成長股的公司通常具備產品、技術、市場等競爭力，營收成長會帶動股價上漲，但若是成長不如預期，也會影響到股價，因此風險也較大。另外，由於資金多半留為公司發展及擴張之用，因此配發股息的比例較低。

● **指數型 ETF**

　　ETF 全名為 Exchange Traded Fund，中文為「指數股票型基金」，是由投信公司發行、追蹤一群特定標的的指數績效表現、可以在股市中像一般股票買賣交易的基金。買進一支指數型 ETF，形同於間接買進一組相同類型股票的組合，例如台灣 50（0050）是追蹤台股中市值前 50 大的上市公司，買進台灣 50（0050）就等於間接投資這 50 家公司。

● **技術指標 K 值**

K 值又稱為「快速平均值」，是股票技術分析的指標之一，由美國技術分析師喬治・萊恩（George Lane）在 1950 年代提出後，被廣泛運用到今天，藉由比較收盤價格及股價波動的區間，來預測價格走勢何時會逆轉，是許多投資人推測買賣點的指標。

● **價值投資**

價值投資是由美國經濟學家班傑明・葛拉漢（Benjamin Graham）及大衛・多德（David Dodd）所提出，也是股神巴菲特推崇的投資方法，強調透過分析公司的內部價值，找出股價被市場低估，導致價格比實際價值還低的股票來投資。由於是以公司基本面為投資考量，有風險較低、不需隨時關注股價走勢、適合長期投資等特點。

● **被動投資**

不特別篩選標的，一次買進市場上的多個標的，來獲得相當於市場平均的報酬，就是被動投資，最典型的做法就是買進指數型 ETF。由於是一次買進多個標的的組合，所以具有分散風險、成本較低等優點，但也因為不需看盤研究走勢，所以報酬率僅會不低於整體市場，但不會有太高的獲利。

第 **1** 章

從擔心何時退休
到提早退休的投資法

價值投資、配速持股，讓股息收入大於日常生活支出，
幫助我提早開啟退休後的第三階段人生。

1

5 年價值投資，
勝過 18 年短線瞎忙

　　我在 1996 年 6 月 21 日開始投入股市，到 2021 年 10 月已有 25 年的股齡了。那時正值研究所剛畢業，買進了人生第一檔股票國揚（2505），當時台股大盤指數約在 6,500 點附近，這檔股票讓我賺了 8,836 元（獲利 15.78%），新手上路果然是有好彩頭。

　　我的投資歷程可以區分為三階段，前 18 年是「短線投機階段」，由於是小資金操作股票，小賺小賠無傷大雅，但平白浪費了時間複利。到了 2015 年時已經 43 歲，開始有中年危機，同時也思考著何時可以退休，發現是需要改變的時候了，於是向巴菲特學習，開啟「價值投資階段」，轉為買進具有護城河競爭優勢的股票。

　　隨著閱讀投資經典的增加，我又接著向約翰・柏格學習被動投資，在 2017 年進入「被動投資階段」，開始買進指數型 ETF，包括台灣 50（0050）和美國標準普爾 500 ETF（交易代號

VOO）。這段時間我不斷加大資金投入，到 2020 年時，我的股息收入已經大於日常生活所需的支出。

短線操作 18 年，累了身體，瘦了荷包
（1996 年至 2014 年）

回首 2014 年之前，我所有投資訊息都是從各種財經媒體而來，看他們討論的市場熱門股、對於技術面和籌碼面的研究分析，也買過權證想要以小博大，但這樣的操作卻讓我精神耗弱，影響到工作與生活，實在是得不償失。

雖然這個時期裡一直不敢投入大筆資金，只敢拿出小錢來買股票，但因為缺乏正確的投資觀念，也沒有投資目標，各種股票都買的情況下，當然無法累積財富。這段期間還經歷了兩次股災，第一次是 2000 年的網路泡沫，台股從 2000 年 2 月的 10,393 點，下跌至 2001 年 9 月的 3,411 點，跌幅 67.2%；第二次是 2008 年金融海嘯，台股從 2007 年 10 月的 9,859 點，下跌至 2008 年 11 月的 3,955 點，跌幅 59.9%。面對股市這麼劇烈的波動，我無法處理，最後都只能認賠出場。

在這個階段我有一個印象深刻的投資經驗，2014 年 3 月時，我看到南港輪胎（2101）「世界明珠」案將送至臺北市政府都市設計審議委員會審議的報導，若此開發案過關，可望在年底取得建照，法人預估每股獲利貢獻可達 40 元以上。這個開發案位於南港火車站旁，距離我當時的住處不遠，因此我對這個案子

相當有感且看好未來發展，就在股價 37.3 元至 37.85 元的區間開始買進，後來股價跟著開發案的消息漲漲跌跌，我也跟著短線進

圖表 1-1　2000 年網路泡沫化時的台股走勢

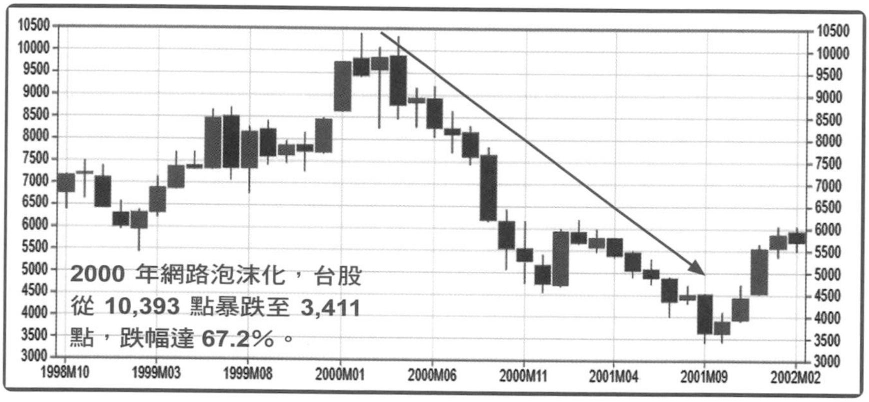

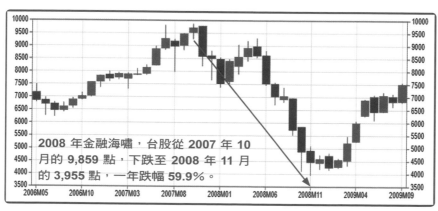

2000 年網路泡沫化，台股從 10,393 點暴跌至 3,411 點，跌幅達 67.2%。

（資料來源：台灣股市資訊網）

圖表 1-2　2008 年金融海嘯時的台股走勢

2008 年金融海嘯，台股從 2007 年 10 月的 9,859 點，下跌至 2008 年 11 月的 3,955 點，一年跌幅 59.9%。

（資料來源：台灣股市資訊網）

出操作。但綜觀整個 2014 年南港輪胎（2101）的股價趨勢是持續走跌，帳面虧損擴大，到 2015 年時我決定全部認賠賣出，重新開始走向價值投資。

　　南港輪胎（2101）的股價在 2018 年 10 月創下波段低價 22.6 元後，當初看好的「世界明珠」案利多終於在 2019 年實現，2019 年 1 月時還在 25 元的低點，10 月份時就已一度飆漲到 59.4 元，短短一年之間即翻倍，這個案例讓我嘗到了，只看新聞話題就冒然投資難逃虧損的命運，也見識到**資產股從題材發酵到真正實現利多的過程，居然需要這麼多年的時間。**

看線圖不如學大師，開始價值投資（2015 年至今）

　　為了找出這 18 年來的投資到底問題在哪，我開始大量閱讀國內外投資大師的經典書籍，包括巴菲特、波克夏（Berkshire Hathaway）副董事長查理·蒙格（Charles Munger）、全球第四大共同基金公司富達投資（Fidelity Investments）副主席彼得·林區（Peter Lynch）、成長股價值投資之父菲利普·費雪（Philip A. Fisher）、德國股神安德烈·科斯托蘭尼（André Kostolany）、美國全球資產管理公司橡樹資本管理（Oaktree Capital Management）創始人霍華·馬克斯（Howard Marks）等國外大師，還有國內投資達人林茂昌老師、華倫老師、陳重銘老師等，從中學習到寶貴的投資觀念。

　　於是**從 2015 年開始**，我的投資目標只鎖定台股的價值型

圖表 1-3　南港輪胎（2101）股價圖

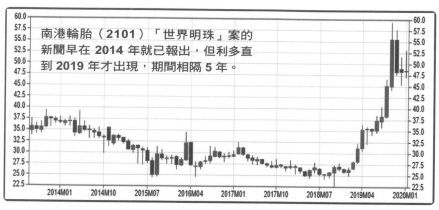

（資料來源：台灣股市資訊網）

股票，從上述投資大師的觀念選股，並且頻繁新增與剔除個股，其中也有不少標的是買進後即一直持有到現在，像是鮮活果汁-KY（1256）、德麥（1264）、中華食（4205）、日友（8341）、崑鼎（6803）、可寧衛（8422）、統一超（2912）、全家（5903）、大地-KY（8437）、中保科（9917）、敦陽科（2480）、台積電（2330），在尋尋覓覓的過程中，慢慢建立起自己的投資組合及投資哲學。

　　2017 年我更前進美股，買進波克夏（交易代號 BRK.B），理由其實很簡單：既然要學巴菲特的價值投資，就直接買進他公司的股票，藉由每年致股東的公開信和股東會，學習他的投資思維。

　　這段時間和短線投資階段不同的是，我開始設定投資目

標，記錄每年投資組合總市值、投資報酬率和股息收入，**也開始參加法人說明會和股東會**，並參與公司舉辦的活動，例如德麥（1264）的烘焙展及中保科（9917）的智慧城市展，近身了解我所投資的公司。這時我的績效比短線投資階段明顯進步，**每年總市值和股息都是成長的**，平均投資報酬率約 **11.9%**，這樣的成績給我很大的鼓勵。

圖表 1-4　波克夏股價圖

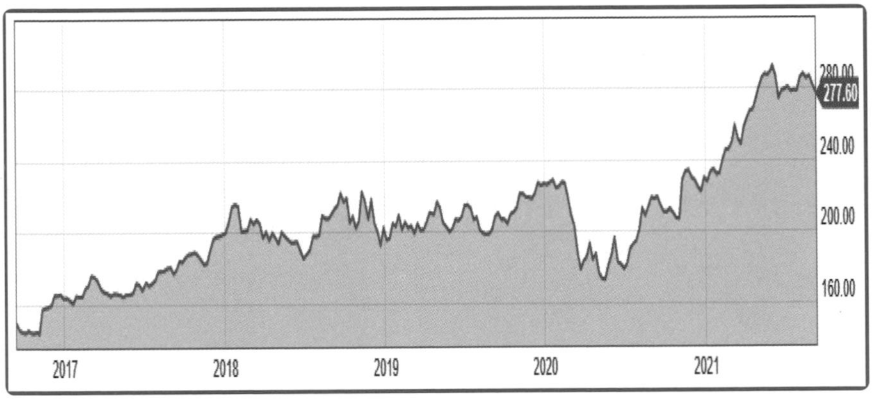

（資料來源：YCHARTS）

配速員也一起買，開始被動投資（2017 年至今）

2016 年底時，我參加了個人第八次全程馬拉松（臺北馬拉松），愛迪達（Adidas）在這場賽事中提供配速員（Pacer）服務，只要緊緊跟在他們後面，就能順利達到路跑目標。年底正好也是準備結算年度投資報酬率的時刻，我的價值投資績效好壞，

應該和大盤做績效評比，與大盤績效同步的台灣 50（0050）就像是馬拉松的配速員，當時我想到，如果我能超越配速員，就能超越預定目標，如果輸給配速員，那麼我直接跟配速員一起跑就好，這個想法放在投資股票上，就是直接買進台灣 50（0050）這樣的指數型 ETF，於是開啟了我的被動投資之旅。

我鎖定 4 檔標的擔任投資配速員，分別是追蹤台灣 50 指數的台灣 50（0050）及富邦台 50（006208）、元大高股息（0056）、美國標準普爾 500 ETF（VOO），主要考慮是選擇自己熟悉的臺灣和美國市場，與大盤績效同步的指數型 ETF，加上臺灣高股息的代表性指數型 ETF，是以績效評比為目的而買進，所以並沒有再考慮其他 ETF。2016 年至 2020 年的 5 年期間，我的投資組合和投資配速員互有勝負，2016 年和 2018 年勝過配速員，2017 年與配速員相當，2019 年和 2020 年則是輸給配速員，投資市場在不同時期類股輪動，這樣結果符合我的預期，價值投資及被動投資兼具的投資方式也就一直持續到現在。

設定投資目標，從確定財務自由數字開始

每個人的投資目標會依個人狀況不同，可以是退休金，也可以是教育基金，以我來說是以退休為目標，並且必須符合 SMART 原則：具體的（Specific）、可衡量的（Measurable）、可達成的（Achievable）、相關的（Relevant）和有期限的（Time-bound）。

SMART 原則是目標管理方法，重點包括：

● 「具體的」是要將抽象、模糊、籠統的想像，轉換成具體清晰的目標。

● 「可衡量的」是指要能量化，才知道目前進度和目標之間的距離相差多少。

● 「可達成的」是不要設定太過困難的目標，否則會容易讓人選擇放棄。

● 「相關的」是指要符合個人的價值觀，對自己有實際的意義，才會願意付出努力去達成。

● 「有期限的」是指要設定達成目標的期限，以短期目標輔助長期目標，會讓人更有動力。

要達成投資目標，我建議要把它寫下來，然後每年追蹤修訂。其實要寫下符合 SMART 原則的投資目標並不容易，首先必須了解自己的財務自由數字是多少，透過定期評估來檢視投資績效，撰寫投資週記，這些主題接下來會依序說明。

退休前的目標：財務自由

財務自由是指被動收入（不用上班工作就能得到的收入，包括股息、債券利息等自動產生的收入）超過日常花費時，你就達成財務自由的目標。因此，設定投資目標前最重要的事，是了解自己的「財務自由數字」是多少。假設希望退休後每個月有 10 萬元的股息收入，一年需要 120 萬元的股息收入，運用殖利率等

於股息除以股價的公式，以殖利率 5% 計算，想收到 120 萬元股息收入，需要 2,400 萬元的股票市值。

殖利率＝股息÷股價

　　很多人只知道自己的退休金目標，卻不知道要花多久時間，使用什麼投資工具來達成目標，我們可以**運用「七二法則」來估計投資增加一倍所需要的時間**。這個法則的由來是，如果以 1% 的複利來計息，經過 72 年以後本金會增加一倍。實際運用是以 72 除以年化報酬率，計算得到的數字就是財富倍增所需要的年數。舉例來說，選擇年化報酬率為 20%（1965 年至 2020 年）的波克夏（BRK.B），3.6 年後資產可以增加一倍（72÷20＝3.6）。選擇年化報酬率為 10.96%（成立後至 2021 年 9 月30 日）的台灣 50（0050），6.57 年後可以增加一倍（72÷10.96＝6.57）。如果不進行股票投資，選擇利率為 0.8% 的一年期定存，則需要 90 年後才可以增加一倍（72÷0.8＝90）。

72÷20（波克夏的年化報酬率）＝3.6（年）

72÷10.96（台灣 50 的年化報酬率）＝6.57（年）

72÷0.8（一年期定存利率）＝90（年）

　　要運用「七二法則」來評估資產翻倍的速度，選擇的投資標的必須長期穩定獲利，才會有穩定的股息收入，也才具有可預測性。投資方式可以是單筆投資或定期定額投資，單筆投資需要在股價低於合理價時買進，定期定額雖然不需要看股價，是買在長期平均成本，重點是不會因為大漲大跌而停扣。

　　如果你在投資的同時還有薪水收入，可以承受波動的能力較強，建議投資時間可以拉長，年輕的時候配置較高比例的成長股，追求總市值的成長，逐步累積資產後，股息自然跟著增加。一開始會覺得獲利很慢，在投資收益還不到薪資的三成時，很容易想要放棄，但隨著不斷累積資產，本金放大，當收益達到薪資一半的水準時，就會感覺到成長加速。

　　以我自己的經驗來說，從短線投資階段進入價值投資階段的前兩年，的確有過想放棄的念頭，但是轉念一想，過去的投資沒有章法，一直績效不彰，就再給自己一次機會，試試看學習巴菲特的價值投資吧！後來隨著股息收入逐年增加，心也就安定下來，持續了 5 年達成財務自由。

　　至於如何加快達到財富目標的速度？**當大盤指數遇到股災重挫，就是買進指數型 ETF 的好時機，股市長期是往上的，重挫之後終究會再回到上升軌道**，不管是 2000 年網路泡沫、2008 年金融風暴，或是 2020 年新冠肺炎疫情造成的股災，歷次的股市重挫之後皆回到上升軌道，再創歷史新高。當一個獲利和配息都穩定成長的好公司，股價下跌或盤整時就是累積更多股數的好時

機，不用因為某一個年度的投資組合績效是負數而有所疑慮，只要確定上述指數型 ETF 和獲利配息穩定成長的好公司股數增加，距離退休目標就會更近了。

退休後的目標：穩定的資金提領

　　退休後已經沒有主動收入，每年需由投資帳戶提領資金，因此這個階段的目標是追求「穩定的資金提領」，讓退休金源源不絕。投資標的選擇和退休前相同，但配置比例有所不同，高成長股票的比例應該降低，因為波動性大的股票相對風險高。

　　退休後的資金提領策略，是根據 Trinity Study（由美國三一大學三位教授共同發表的研究）提出的「4% 法則」，每年從退休帳戶提領出 4% 的金額，維持一整年的生活開銷，帳戶內資產繼續投資，就不需要再為了錢工作。運用 4% 法則計算退休金帳戶準備金額，假設每年生活費用是 60 萬元，退休金帳戶就要準備 1,500 萬元。

> 每年生活費用÷4％＝退休金帳戶金額
> 60 萬元÷4％＝1,500 萬元

　　在 4% 法則的基礎上再納入通貨膨脹的考量，可以設定平均年報酬率 7% 的資產配置，其中 4% 作為全年預算花費，保留

3% 因應通貨膨脹在帳戶裡繼續增加資產，之後的每年花費還可按照通膨比率往上調，維持生活品質。

在這樣的目標基礎下，我為自己設定的投資目標是：投資組合穩定中求成長，在可承受波動風險下（個股下跌波動範圍負 50%，投資組合下跌波動範圍負 10%），追求合理報酬（退休後績效目標為總市值每年成長 7%）。我對於個股下跌範圍的承受度可以達到負 50%，是因為追隨巴菲特曾說過的：如果不能承受股價下跌 50%，那麼就不適合做股票投資。而在整個投資組合的波動承受，考慮到我自己的年齡、工作、資金狀況，加上對於幾次股市重挫的壓力測試，所以設定在波動範圍負 10%。每年成長 7% 的目標，達成機會高，不用追求高獲利但也相對高風險的標的。

我在退休第一年開始執行 4% 法則資金提領策略，負擔每年的日常生活花費，其餘保留在投資帳戶繼續增加資產。退休後有更多時間可以追求均衡人生，完成夢想清單，豐富人生體驗。

個性決定投資方式，再修煉成投資哲學

每一位投資人要先了解自己的個性，才能從眾多投資學派中，找到適合自己的投資哲學，然後再經歷幾回股市多空的考驗，最終逐漸形成投資信念。我在 40 歲後，看著健檢報告上，體脂肪比率過高的紅字，在醫生建議要培養規律運動習慣之下開始跑步，跑著跑著就跑出興趣來，2013 年 12 月在臺北馬拉松挑

戰初馬成功，後來陸續參加萬金石馬拉松、觀音山馬拉松、海山馬拉松。跑步讓我覺得最棒的一件事，就是養成規律的運動習慣，在 2015 年開始價值投資後，我也將跑馬拉松的心法應用於投資上，慢慢形成自己的投資哲學。

馬拉松跑者的心法

　　馬拉松是一項長跑運動，但新手常以短跑衝刺，反而造成運動傷害。面對 42.195 公里的長程賽，選手應以完賽為目標，而不是上凸臺拿金牌。

　　跑者會透過調整跑姿、訓練腿部肌力來逐漸提高跑步的效率，另外也會擬定自己的配速策略，或是跟著配速員的速度前進，讓比賽當天能有最好配速，達成更佳成績。

　　馬拉松賽事的配速員是一群身上繫著氣球，標明里程數與完賽時間的跑者，只要緊緊跟在他們後面，就能順利達到你的路跑目標。跑者經常會用「幾分速」表達跑速，例如「6 分速」即是跑 1 公里費時 6 分鐘，一場馬拉松（42.195 公里）大約需要 4 小時 15 分鐘，跑者可以依需求選擇配速員。

　　在比賽中後段從 30 公里開始，跑者容易遇到撞牆期，跑到腳抽筋是很常見的狀況，學習如何緩解疼痛也是長跑必修課。只要方向正確，就一定可以達成目標完賽。

馬拉松的心法應用於投資

投資新手常短線作價差，就像是馬拉松新手短跑衝刺，沒有長期穩健的投資計畫，反而造成虧損下場。投資是期望達成投資目標，不是想當股神巴菲特第二，在投資上的配速，即是調整資產配置，「在價值低估時買進加速，高估時減速少買」的投資紀律，透過長期買進持有存股，累積資產。這個心法不論應用在個股投資或是指數型 ETF 投資都相同。

另外也要評估各種標的的年化報酬率與風險，選擇適合自己的投資方式，並把台灣 50（0050）當作投資配速員作為績效參考指標（見第 4 章第 2 節）。投資過程如果遇到股災，就像是跑步突然抽筋，難以避免，這時調整資產配置降低波動，就是排解投資過程不舒服的良方。

我的「配速」投資哲學

秉持「投資就像跑一場馬拉松」的信念，「長期投資」於42.195 公里的人生旅程，我的投資哲學就是踩著「穩健」步伐配速前進（期望年均報酬率 7%），並透過大量閱讀思考給予定期補給，期間遭遇如同跑步抽筋的股災時，即調整配置來排解疼痛。只要擁有正確投資觀念和方法，加上耐心與紀律，一定可以衝過終線，達成投資目標。

2

用 4% 法則算出
你的財務自由數字

　　需要多少錢才能退休，取決於想要過什麼樣的生活，而且要一輩子夠用。張三說要 3,000 萬，李四說只要 1,000 萬就夠，每個人的需求都不同。接下來將先帶大家計算個人年支出金額，估計財務自由數字，最後設定退休後的資產提領計畫。

什麼是財務自由？

　　當被動收入（例如投資回報、現金股利、債券利息等收入）超過所有花費（年支出金額）時，就是達到財務自由，這時不用再工作賺錢，可以準備退休。**財務自由的目標越早設立越好**，有助於縮短準備時間、提早退休，**最遲也應該在預定退休前五年開始進行**。

　　想要知道自己一年的所有花費有多少，可以透過記帳的方式忠實記錄，資料來源可以參考銀行信用卡帳單，運用 Google 雲端硬碟的 Excel 試算表（見第 47 頁圖表 1-5），將其完整記錄下

來，並且每年定期更新。試算表可以分門別類，將每一項支出項目、支出頻率（每月一次、每兩個月一次、每年一次等）按實際狀況編列預算，最後再加總得出年支出金額。第 48 頁圖表 1-6 是我的紀錄類別，大家可以參考再依據個人狀況調整。

此外，天有不測風雲，投資也一定有風險，如果發生意外或股災，為了不影響日常生活，因此投資的資金必須是長期資金，才不會在需要用錢時，被迫賣出股票而產生虧損，這將會與期望以投資產生被動收入作為退休資產的原意背道而馳。

至於應準備多少緊急預備金，建議至少預留一年的支出金額，也有人會準備兩年份，可以視個人需求而定。

股息報酬率 4% 是基本，能越高當然越好

財務自由數字多少才夠用？根據 Trinity Study 的 4% 法則計算退休金帳戶準備金額，假設每年生活費用是 60 萬元，退休金帳戶必須準備 1,500 萬元，這就是財富自由數字。

這也表示，只要每年的股息收入能有 4% 的報酬率，即使退休金帳戶的總金額沒有增加，每年仍能穩定領到足夠的生活費用，但若是能夠得到更高的投資績效，讓總資產增加，也就能提領到比實際所需更多的錢，爽過人生。（見第 50 頁圖表 1-7）因此，投資組合持股可配置高殖利率股票或高股息 ETF，追求足夠支應每年退休金帳戶提領金額即可，再搭配成長型股票的資產配置，才能追求投資組合總市值成長（見第 2 章第 2 節）。

圖表 1-5　**Google 雲端硬碟 Excel 試算表**

開啟 Google Chrome 瀏覽器，（1）點選右側 Google
應用程式裡的「雲端硬碟」；（2）進入雲端硬碟後，點
按「我的雲端硬碟」右側向下箭頭，點選「Google 試算
表」；（3）Chrome 即會開啟新視窗，出現試算表。

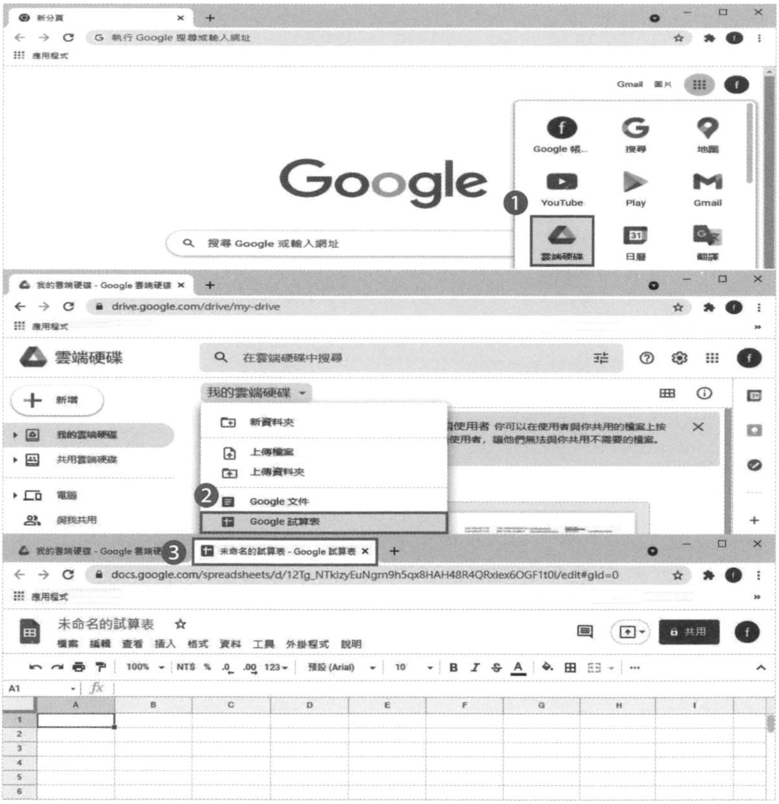

圖表 1-6　阿福的記帳試算表

類別	支出項目	支出頻率	全年支出預算
住屋	自來水費	每雙月一次	
	電費	每雙月一次	
	瓦斯費	每雙月一次	
	大樓管理費	每月一次	
	大樓汽車位費	每月一次	
	電信費	每月一次	
交通費	車輛保養	每年兩次	
	加油	每週一次	
	國道計程收費etag	每季一次	
	公車／火車／捷運／Ubike	每月一次	
	停車費	每月一次	
餐飲費	家用購物	每週一次	
	外食	每月一次	
醫療保險費	汽車保險費	每年一次	
	機車保險費	每年一次	
	個人終身醫療保險費	每年一次	

類別	支出項目	支出頻率	全年支出預算
醫療保險費	小孩終身醫療保險費	每年一次	
	醫療支出	不定期	
教育費	小孩午餐費	每雙月一次	
	小孩註冊費	每半年一次	
	小孩第八節課後輔導費	每半年一次	
	課程學費	每月一次	
孝親金	父母每月孝親金	每月一次	
	過年紅包	每年一次	
娛樂旅遊費	觀光旅遊	每年一次	
稅金	牌照稅	每年 4 月	
	所得稅	每年 5 月	
	房屋稅	每年 6 月	
	汽車燃料費	每年 7 月	
	機車燃料費	每年 7 月	
	地價稅	每年 12 月	
雜項	雜項費用	不定期	

圖表 1-7　報酬率越高，可提領的生活費越多

年投資報酬率 **4%** 的財務自由數字　　　　　　　　　　（單位：萬元）

年份	年初總資產	獲利 4%	總資產	提領 4% 生活費	年末總資產 （繼續投資）
第 1 年	1500.00	60.00	1560.00	60.00	1500.00
第 2 年	1500.00	60.00	1560.00	60.00	1500.00
第 3 年	1500.00	60.00	1560.00	60.00	1500.00
第 4 年	1500.00	60.00	1560.00	60.00	1500.00
第 5 年	1500.00	60.00	1560.00	60.00	1500.00
第 6 年	1500.00	60.00	1560.00	60.00	1500.00
第 7 年	1500.00	60.00	1560.00	60.00	1500.00
第 8 年	1500.00	60.00	1560.00	60.00	1500.00
第 9 年	1500.00	60.00	1560.00	60.00	1500.00
第 10 年	1500.00	60.00	1560.00	60.00	1500.00

年投資報酬率 6% 的財務自由數字　　　　　　　（單位：萬元）

年份	年初總資產	獲利 6%	總資產	提領 4% 生活費	年末總資產 （繼續投資）
第 1 年	1500.00	90.00	1590.00	60.00	1530.00
第 2 年	1530.00	91.80	1621.80	61.20	1560.60
第 3 年	1560.60	93.64	1654.24	62.42	1591.81
第 4 年	1591.81	95.51	1687.32	63.67	1623.65
第 5 年	1623.65	97.42	1721.07	64.95	1656.12
第 6 年	1656.12	99.37	1755.49	66.24	1689.24
第 7 年	1689.24	101.35	1790.60	67.57	1723.03
第 8 年	1723.03	103.38	1826.41	68.92	1757.49
第 9 年	1757.49	105.45	1862.94	70.30	1792.64
第 10 年	1792.64	107.56	1900.20	71.71	1828.49

雖然投資報酬率只要 4% 就足以支應一整年的生活所需，但若能提高 2% 的報酬率，10 年後的總資產可增加 300 萬元，每年的生活費也能多提領 10 萬元。

3

投資不要硬拗，敢認輸才會贏

　　不管是主動型投資或被動型投資，都有各自的擁護者及理由，每個投資人都必須先了解自己的個性，再選擇適合的投資方法。我的投資組合為主動及被動兼具的平衡型投資，包括投資標竿（台灣 50〔0050〕、元大高股息〔0056〕、美國標準普爾 500 ETF〔VOO〕、波克夏〔BRK.B〕）、價值投資型個股及債券型 ETF，並且會定期評估投資績效表現，彈性調整資產配置比重。關於投資績效該如何評估？首先要討論巴菲特怎麼看投資績效，再來介紹我的投資績效評估指標。

巴菲特看績效：
偶爾輸大盤無妨，長期輸就別拗

　　《巴菲特的投資原則》（*Warren Buffett's Ground Rules*）書中談到，衡量主動式投資績效有兩個基本原則，首先是衡量相對於大盤的表現，如果股市長期趨勢是上漲，當大盤下跌時少虧，

上漲時多賺，投資績效表現就會出色。投資人追求長期打敗大盤，只需期望整體而言打敗大盤的年份居多，至於單獨一年是賺是賠則順其自然。

其次是看績效表現的時間，**如果你的投資方法在 3 或 5 年內輸給大盤，而且不是在股市多頭投機走勢時，最好停下來，認真考慮「認輸」**，不要再白費力氣，改買指數型 ETF。

波克夏公司是以 5 年的相對績效衡量表現，提出每年要高出道瓊指數 10 個百分點的績效目標。巴菲特的觀點為：股市平均每年有 5%～7% 的報酬率，比大盤高出 10 個百分點，表示年化報酬率目標是 15%～17%。巴菲特告訴投資人，在市場經歷多頭投機走勢的末期，他的績效很可能輸給大盤。最近的例子是 2000 年網路泡沫化前，投機者在這種環境表現出色，而價值投資人會顯得跟不上市場。

阿福看績效：資金投入及提領也要算進去

許多部落格或臉書文章上常見的投資績效指標，通常只包括總市值成長幅度及總股息成長幅度，然而還應該把這段期間的新資金投入或資金提領一併考慮進去，才能呈現投資績效的全貌。這三種指標及使用上應注意的地方，因為每個人績效評估方式不同，衷心建議和自己比較就好，只要能達成自己的投資目標即可，在沒有相同假設條件下和他人比較，數字就顯得沒有意義，也容易影響自己的情緒。

1. 投資組合總市值成長率

可以使用 Excel 試算表，分別列出個股名稱、持股數、股價、市值，這裡會將投資帳戶裡的現金，視為一檔利率為零的股票，再加總計算得出投資組合的總市值。一般來說，我們會在某個固定的時間點記錄總市值，例如每年最後一個交易日、每季最後一個交易日，或每月最後一個交易日的收盤價，再比較年增率、季增率或月增率。這種方式並未考慮在這段期間的新資金投入或資金提領，呈現結果會有誤導情形發生，**因此當他人宣稱市值到達多少、成長多少時，應該要再問新資金投入有多少。**

2. 年度總現金股息成長幅度

一樣可以利用 Excel 試算表，分別列出個股名稱、參加除息股數、現金股利，再加總算出總股息收入。一般來說，我們會計算每年股息收入，再比較年增率。由於除息會將股息從股價扣除，以投資組合總市值的角度來看，除息只是從 A 股票拿現金轉移到 B 股票（現金視為一個零利率股票），總市值並未增加，因此當有人宣稱今年可以拿到多少股息時，**應該要問總資金多少、投資組合平均殖利率多少，才可了解資產配置全貌。**

3. 投資組合績效算法

我的績效計算方式，會考慮資金投入或資金提領，並將現金視為一個零利率股票，再來進行比較。計算公式為：

（期末總市值－期初總市值－期間新資金投入＋期間資金提領）÷（期初總市值＋期間新資金投入－期間資金提領）

以 2021 年第三季收盤後的資料計算為例，投資績效應為：

（2021 年 9 月 30 日的總市值－2020 年 12 月 31 日的總市值－期間新資金投入＋期間資金提領）÷（2020 年 12 月 31 日的總市值＋期間新資金投入－期間資金提領）

4

我的投資週記大公開，
檢視現況與目標的距離

撰寫投資週記，記錄投資觀察與每次買賣理由，是釐清投資策略及定期評估績效很有幫助的工具。投資記錄的頻率可以週為單位，主要是考慮每週經過五個交易日後，週休二日剛好提供了一個沉澱的機會，可以進行每週回顧與展望，是很好的段落點。每月、每季、每年同樣也可以進行回顧與展望，檢視現況和投資目標的距離，有紀律的完成，達成投資目標。

投資週記應包括四個類別：投資環境洞察、投資組合分析、買賣策略與對帳單、投資計畫與觀盤重點。由於每個人的狀況不盡相同，本篇以我的投資週記內容舉例說明，提供讀者開始記錄的方向，大家可以調整成專屬自己的投資週記。

記錄投資環境洞察

記錄投資大環境的變化，我的主要記錄項目包括波克夏（BRK.B）的季報、臺灣景氣、台股大盤狀況及交易新制度等，

作為之後投資策略的輔助參考。

波克夏（BRK.B）季報摘要

定期關注波克夏（BRK.B）財報，學習巴菲特的價值投資哲學。以 2021 年第 2 季的財報為例，我便記錄如下：

● 巴菲特利用美國股市創新高的機會，連續第 3 季淨賣出股票，表示目前股市位階偏高。

● 本季買回庫藏股的金額低於 2021 年第 1 季，也低於 2020 年第 3 季和第 4 季，近幾年一直未能找到價格合理且具吸引力的標的，而採取買回自家股票，然而庫藏股規模逐漸縮小中。

● 現階段擁有 1,440 億美元的現金與短期投資項目，高於第 1 季金額，近幾年面臨現金太多、投資機會太少的問題。

● 巴菲特投資趨於保守，我們的投資也應該採取減速策略。

● 前 10 大持股市值占總投資組合比例為 87.5％，第一大持股仍是蘋果（AAPL），持股比例高達 41.46％。

● 除了美國合眾銀行（U.S. Bancorp）在本季減碼外，其他 9 檔個股在本季均無持股異動，由此可見持股市值比例的增加，純粹是個別股票價格增加所致。

● 本季投資組合持股變化，4 種投資策略包括新增 1 檔、加碼 3 檔、減碼 8 檔、清倉 3 檔，前 10 大持股是最有信心的股票，異動最小，衛星持股異動相當頻繁，上季加碼個股本季持續

加碼，上季減碼本季持續減碼，甚至清倉為止，由此可見巴菲特的集中投資哲學。

景氣對策信號

了解目前臺灣整體經濟景氣所在位階，以 2021 年 8 月為例，即記錄為紅燈。

台股盤勢變化

當指數接近相對低檔區時，就提供了指數型 ETF 準備進場投資機會。2021 年 5 月和 8 月的台股兩次修正，我的投資週記紀錄即是：

● 台股成交量不斷成長，大量股票從固執投資人（具備有想法、耐性、有錢、好運 4 種特質）手中，轉到猶豫投資人（沒想法、沒耐心、沒錢），猶豫投資人希望以較高價出脫，但缺乏更多投資人跟進時股價就會下跌，賣不到好價格只好降價求售。我已達成今年財務目標，並不貪婪，後面這段行情留給別人賺。

● 4 月起已停止單筆買進股票，維持目前股票庫存，讓投資組合市值繼續成長，個股符合賣出條件會分批減碼。何時會恢復單筆買進股票？當台股大盤指數下跌，符合台灣 50（0050）買進條件（K 值小於 20）時，代表股市熱度降溫，再來檢視股價和合理價的關係進行投資。

● 8 月中旬台股接近指數相對低檔區，被動投資準備單筆進場。8 月 13 日這週台股跌破 17,000 點整數關卡，下跌 544.17 點，收盤在 16982.11 點，大盤指數 K 值為 27.8，元大高股息（0056）的 K 值為 25.99，快要接近指數相對低檔區，下週如果出現 K 值小於 20，被動投資即準備單筆進場。

股票交易新制

股票交易有時會有新制度上路，隨時注意並且展開應對策略，獲利才能更確實。像是盤中零股交易制度於 2020 年 10 月 26 日上路，我即在投資週記寫下：

● 盤中零股制度上路後的交易行為改變，第一項是未來會以盤中零股交易為主，因為盤中零股報價資訊較盤後零股完整，盤中零股報價有委買價、委買量、委賣價、委賣量可以參考，而盤後交易只提供委買價、委賣價。

● 第二項改變是善用券商提供的零股交易手續費最低 1 元優惠，如果要買多量，則掛多筆零股單，可以降低手續費；假設券商提供交易手續費 28 折優惠，成交金額最高不超過 5,012 元情況下，手續費只需要 1 元。（算法是成交金額 5,012 元×券商手續費率 0.1425％×手續費折扣 28％＝1.999788，券商會將不足 1 元的部分無條件捨去，因此實收只有 1 元。）

借券實戰驗證

　　提高股票出借成交機會和出借利率方法。（詳細說明請見第 5 章）

定期檢視資產配置

　　每季度檢視資產配置的比例，掌握投資組合持股異動狀況及績效表現。以 2021 年第 2 季為例，我在投資週記的紀錄如下：

● 第 2 季為淨賣超，總買進金額小於總賣出金額，主要原因是 5 月時出清華研（8446）和柏文（8462）兩檔股票。投資組合持股異動：新增 0 檔，剔除 2 檔，加碼 10 檔，減碼 2 檔。

● 投資組合績效低於台灣 50（0050）的成長 16.16％，和美國標準普爾 500 ETF（VOO）的成長 15.15％。個別證券績效方面，前 3 名為鮮活果汁-KY（1256）成長 50.00％、中華食（4205）成長 25.63％、德麥（1264）成長 23.52％，最後一名為日友（8341）衰退 9.87％。投資組合績效輸給大盤，投資標竿及被動投資的比例仍低，計畫下半年提高到 30％。

● 資產配置比例檢視：前兩類別為食品股（31.4％）及環保類股（23.9％），兩者合計 55.3％，超過一半的持股比例，食品股占 31.4％ 略超過單一類別比例不超過 30％ 的紀律。單一證券的前 3 名分別為鮮活果汁-KY（1256）15.7％、德麥（1264）12.2％、日友（8341）10.4％，都沒有超過單一證券比例不超過

20% 的紀律。

分析投資組合標的

對於手上持股做個股的財報分析及價值評估，來決定下一步的投資策略，以德麥（1264）為例，在 2021 年第 2 季財報公布後，我的個股分析紀錄如下：

● 財報分析：第 2 季營收年成長 7.9％，稅後淨利年成長 10.51％，但母公司業主淨利僅成長 2.48％，這是因為許多轉投資採取和外部股東合資，只擁有控制子公司的部分股權而已，例如在中國投資的芝蘭雅（無錫）持股比例 50％，無錫天滿紙器公司持股比例 60％，合併報表的總稅後淨利並非完全屬於德麥，由此可知集團稅後淨利和歸屬母公司淨利的差異，隨著未來德麥中國營收增加，這個差異會越來越明顯。

● 價值評估：使用近 4 季每股盈餘及近 5 年本益比進行計算，由於已於 2021 年 8 月 12 日除權，每千股配發 100 股，股本由 336,960 千元，擴增至 370,644 千元，將近 4 季母公司業主淨利加總為 583,141 千元，除以最新股本 370,644 千元，重新計算近 4 季每股盈餘為 15.73 元。（本益比查詢方式請見第 112 頁）

便宜價＝近 4 季每股盈餘總和×近 5 年最低本益比

　　　　＝15.73×13.46＝212

合理價＝近 4 季每股盈餘總和×（近 5 年最低本益比＋近 5

年最高本益比）÷2

$$=15.73×（13.46＋19.83）÷2＝262$$

昂貴價＝近 4 季每股盈餘總和×近 5 年最高本益比

$$=15.73×19.83＝312$$

● 投資策略：在中國處於快速成長階段，無錫新廠預計 2021 年年底投產；在臺灣處於穩定成長階段，屬於成長股，目前股價在昂貴價附近，所以持股續抱。

彙整個股價值評估表

　　個股價值評估表包括價值評估燈號、安全邊際、目前股價、合理價、便宜價、昂貴價、各月份營收年增率等欄位，每週更新一次內容。以我目前的評估表內容為例，隨著 7 月及 8 月營收公布完畢，投資組合分析以第 2 季財報數字計算的合理價為基礎，7 月及 8 月營收表現為參考。

　　從下頁圖表 1-8 可以看出，股價低於合理價、有安全邊際（股價低於合理價 5％）的股票，列入買進候選名單，符合這個條件的有日友（8341）、鮮活果汁-KY（1256）、大地-KY（8437）、全家（5903）、敦陽科（2480）、中保科（9917）；股價接近昂貴價或是高於昂貴價的個股，今年展望衰退，將列入賣出候選名單，符合這個條件則是中華食（4205）。

圖表 1-8　阿福 2021 年 9 月 10 日的個股價值評估表

公司名稱 （股票代號）	價值評估	安全邊際 （％）	目前股價 （元）
日友（8341）	低於合理價	-9.81	205.0
鮮活果汁-KY （1256）	低於合理價	-8.01	409.5
大地-KY （8437）	低於合理價	-7.74	159.5
全家（5903）	低於合理價	-6.30	259.0
敦陽科（2480）	低於合理價	-5.60	68.6
中保科（9917）	低於合理價	-5.54	96.0
統一超（2912）	低於合理價	-3.72	274.5
可寧衛（8422）	高於合理價	0.60	172.0
崑鼎（6803）	高於合理價	6.32	227.0
台積電（2330）	高於合理價	14.29	622.0
德麥（1264）	接近昂貴價	15.90	303.5
中華食（4205）	高於昂貴價	33.68	145.0

合理價 （元）	便宜價 （元）	昂貴價 （元）	8 月營收年增率 （％）	7 月營收年增率 （％）
227.3	188.2	266.4	20.14	-11.01
445.2	302.6	587.7	2.61	48.57
172.9	128.4	217.3	82.33	51.91
276.4	236.6	316.2	-9.84	-12.87
72.7	57.4	88.0	30.56	28.58
102.2	89.6	114.7	-1.14	0.68
285.1	259.0	311.2	-4.67	-4.78
171.5	147.0	195.9	10.47	-11.39
213.5	181.0	246.0	4.98	3.81
544.2	328.8	759.6	11.84	17.55
261.9	211.8	312.0	2.89	3.35
108.5	79.9	137.0	-5.57	-2.08

設定買賣策略

從個股價值評估表的內容加上財報數字綜合檢視，再記錄下一步的投資策略，以圖表 1-8 內的敦陽科（2480）為例，可以看到目前股價低於合理價的 72.7 元，7 月營收年成長 28.58％，2021 年第 2 季的財報顯示淨利年增 18.34％，可以設定接下來採取買進策略為分批買進零股，當股價低於 68.1 元時向下分批買進，價格間距設定為 0.3 元，即是每下跌 0.3 元，買進一次。

5

遵守投資四「不」，
往退休更進一步

　　斷捨離不僅是生活智慧，也是投資需要學習的重要課程，投資斷捨離就是消除那些不必要的東西，只做那些必要的事情，方向對了，比操作技巧更重要。

　　把斷捨離應用在投資上，就是盡量避免一般投資人常犯的錯誤，巴菲特說：「在錯誤的道路上，奔跑也沒有用。」在我的經驗裡也的確是如此，當不再做下面這四件事情之後，整個投資過程變得輕鬆多了。

一「不」短線操作賺價差

　　《用心於不交易》書中提到正和遊戲和零和遊戲的觀念，零和遊戲是短線操作，這樣的投資人只對當天或明天的股價感興趣，大玩當沖，想低買高賣賺價差，結果有人成功有人失敗，不一定每次交易都會賺，所謂的投資其實只是投機。

　　另一種投資人則是將資本投資在某家公司，企業從事生產或

提供服務給客戶，買賣雙方都得到好處，公司再按照比例分配股息給股東，累積財富，這是正和遊戲，也是長期投資的真諦。

短線操作的投機者，都期待當天買進後尾盤就上漲，或隔天、下週能上漲，有時運氣好猜對股市走向，但很難每次都猜中。當發生誤判，股價下跌是否要攤平？股價上漲是否要回補？短時間內未經深思熟慮就要下決定，徒增錯誤機率。若是不短線操作，就能避免錯誤。

另外，想賺價差的投機者常見的困境是，認為股價會跌，所以先賣出股票，打算等到低價時再買回來，結果沒想到賣出後股價續漲，這時又怕沒有賺到後面更高的波段，於是再用更高的價錢買回來。或者賣出後股價真的下跌，想要低接但又怕股價持續下跌而遲遲沒有買進，等到股價反彈超過原來賣出的價格，最後反而用比賣出時還高的價錢買回來。這樣來來回回買進賣出，都在徒增手續費和證券交易稅（簡稱證交稅）等交易成本。

先前提到的南港輪胎（2101）投資案例就是如此，我在2014 年 4 月中旬以 36.5 元賣出 3,000 股，不到 10 天後又再以36.05 元賣出 2,000 股，後來股價下跌到 33.5 元，我認為還會再跌而沒有買進，沒想到 5 月初時股價快速反彈，為了追這個波段，我在 5 月中旬分別用更高的價錢 38.75 元和 37.75 元買回股票，但最後仍以認賠了結，而其中徒增的交易成本，也讓虧損金額再加一筆。

圖表 1-9　南港輪胎（2101）股價圖

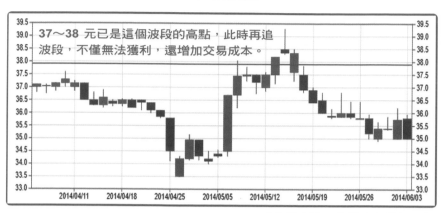

（資料來源：台灣股市資訊網）

二「不」預測股市和股價走勢

巴菲特說：「短期股市的預測是毒藥，應該把它擺在最安全的地方，遠離兒童以及那些在股市中，行為像小孩般幼稚的投資人。」、「我們一直覺得股市預測的唯一價值，在於讓算命先生過得體面一點。」

新冠肺炎疫情對股市的影響就是最真實的經歷，2020 年 3 月 19 日，台股重挫至 8,523.63 點，大多數投資人不敢把資金留在股市，紛紛選擇賣出，但股市隔天就止跌回升，4 月後更突破萬點關卡，此時又有投資人開始預測股市反彈的高點位置，但實際上台股持續飆漲到 2021 年 7 月的 18,034.19 點才停止，總共上漲 111.57%，長達一年的漲勢跌破大多數人的眼鏡。新冠肺炎疫情影響了全球經濟，但台股走勢背道而馳，充分支持投資「不預

測股市和股價走勢」的觀點。

指數型投資人不需要預測股市走勢，而是應該要參與股市，可以使用定期定額投資指數型 ETF，例如台灣 50（0050），如果出現相對低點（台股大盤日 K 值小於 20），再執行單筆買進。還應該多了解優秀公司的基本面，定期根據財報進行價值評估，當股價低於合理價時，就可以買進，不用期望買到最低點。

圖表 1-10　新冠肺炎疫情期間的台股大盤走勢

新冠肺炎疫情爆發後，台股只在 2020 年 3 月時短暫下挫，之後即一路飆升，直到 2021 年 7 月才回檔，漲勢長達一年多。

（資料來源：台灣股市資訊網）

三「不」用槓桿投資

什麼是槓桿投資？說得明白一點就是借錢買股票，當你預期股票未來會上漲，想買進，可是手上資金不足，於是透過銀行貸款或券商融資買股。由於資金是借來的，所以獲利的時候報酬會放大，但別忘了虧損的時候損失也會加大。考量到借錢期間的利

息成本，使用槓桿的投資人多半都是短線交易。

　　巴菲特在 2017 年致股東公開信強調，不要借錢投資，使用槓桿投資必須在短期內戰勝波動，但是短期股價變動無法預測，投資人心態會受到市場氣氛干擾，容易在恐慌下作出愚蠢決定，因此不用槓桿投資就是避免自己做傻事的機會。

　　遇到股市黑天鵝來臨，股價大幅修正，若有使用槓桿投資，當出現融資追繳時，很可能被迫賣掉股票。而此時三大法人（外資、投信、自營商）基於短期績效壓力，也會殺出股票，造成融資和法人全面賣出的局面，對於不使用槓桿的投資人，平時會先保留日常生活所需資金後再投資，這時就可以好好大撿便宜。

🅢 理財小知識：股市黑天鵝

　　黑天鵝是指幾乎不可能發生但卻發生了，而且還帶來嚴重影響的事件，起源於歐洲人一直認定世界上只有白天鵝，在他們於 18 世紀發現澳洲，看到當地的黑天鵝之後大為震驚，因此把黑天鵝比喻為，會顛覆以往認知並引起連鎖負面反應的事件。台股在 2021 年上半年的三大黑天鵝包括：電子股財報利空、印度疫情失控及臺灣本土疫情擴大。

四「不」要想賺快錢，慢慢變富就好

亞馬遜創辦人貝佐斯（Jeff Bezos）曾問巴菲特：「您的投資體系這麼簡單，是全世界第二富有的人，為什麼別人不做和您一樣的事情？」巴菲特回答說：「因為沒人願意慢慢的變富。」

在股市中，一年賺五倍很常見，五年賺一倍很少見，其中最難得的是能持續獲利。以 1965 年至 2020 年的複合年成長率來看，波克夏（BRK.B）為 20.0%、美國標準普爾 500 ETF（VOO）為 10.2%，台灣 50（0050）的年化報酬率自成立起至 2021 年 6 月 2 日止為 11.12%，買進確定能夠長期成長的個股或指數型 ETF，時間就是護城河，它會站在你這邊，展現複利的威力。

圖表 1-11　台灣 50（0050）自成立至 2021 年的股價圖

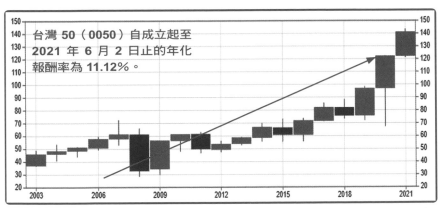

（資料來源：台灣股市資訊網）

第 **2** 章

6 大獲利法則，
別人恐懼我貪婪

配速投資大多時候是違反人性的，但只要了解這個投資
紀律後，再在股市實際練習幾回，之後就能輕鬆上手。

1

我的 4 大配速員，
下跌也不驚

股票是最簡單的理財工具，若以長期投資來說，是報酬率最高的一項。一般人在多頭市場時會相信股票，但在空頭市場或發生股災時又會懷疑它，因為股市短期波動大，就會產生焦慮。然而投資人可以學習換個角度思考，股市波動是短期必然現象，如果以**長期投資 10 年或 20 年來看，空頭及股災其實提供了逢低買進的機會。**

另外，每當大盤指數漲到整數關卡，或股價創歷史新高時，新聞媒體就會大肆報導，這時多數人會認為高點到了，需要趕緊賣出或等待下跌後再買進，但等到真的跌下來了還是不敢買，這樣的情況也會造成短期波動。事實上，投資人無需判斷未來股市或股價走勢，重要的是參與股市，長期投資。

投資股票可以分為被動投資與主動投資兩種。被動投資是透過一籃子股票，一次持有市場上所有投資標的，好處是可以分散投資風險，獲取和市場相符的報酬，常用的工具就是指數型股票

基金（ETF）。主動投資則是自行透過研究分析選股，建構投資組合，目標是希望能夠打敗大盤。主動投資學派很多，有使用價值分析、技術分析、籌碼分析等，而本書所談的主動投資，是鎖定在價值投資，也就是以衡量股價和價值之間的關係，來擬定投資策略。

配速持股原則：價值低估時加速，高估時減速

　　我的投資組合是兼顧被動投資指數型 ETF 和主動投資價值選股，面對股市波動時就以「配速持股」的投資紀律來應對。**配速投資大部分時間是違反人性的**，不管是指數型 ETF 或個股，都是在別人不敢買的時候買進，像是大盤指數處於相對低點，或個股股價低於價值評估合理價時，就是最佳的買進時機。這些時間點通常是壞消息出現的時候，財報也的確不盡理想，但只要了解這個投資紀律後，再在股市實際操作練習幾回，之後就能輕鬆上手。

　　什麼時候是指數相對低檔區和相對高檔區？以買進台灣50（0050）為例，短期可以參考台股大盤指數 K 值（見圖表2-1），當 K 值小於 20 為低檔區，K 值大於 80 為高檔區。長期可以參考景氣對策信號，藍燈為低檔區，紅燈為高檔區。

　　配速存股應用在主動投資上，和「被動投資」最大的不同在於「擇股」和「擇時」，「擇股」是指選擇具有護城河優勢的股票來投資，「擇時」是指經過個股價值評估程序，擬定投資策

圖表 2-1　台股大盤 K 值

（資料來源：台灣股市資訊網）

略，包括買進、賣出和換股的時間點。

　　個股價值評估是主動投資人的必修課，常用的估值方法包括本益比法和殖利率法，透過財報數字計算出個股的便宜價、合理價、昂貴價，才有辦法在股價低於合理價時加碼買進。

與配速員比績效，隨時調整投資組合

　　承襲巴菲特以個股相對於大盤的表現來衡量投資績效，我用可以反映大盤表現的台灣 50（0050）、富邦台 50（006208）、美國標準普爾 500 ETF（VOO）、波克夏（BRK.B）、元大高股

息（0056）作為衡量投資標竿，也就是各類型投資的配速員。
其中，台灣 50（0050）、富邦台 50（006208）及美國標準普爾
500 ETF（VOO）是被動投資的配速員，波克夏（BRK.B）是主
動投資和價值投資的配速員，元大高股息（0056）是高股息投資
的配速員。如果沒有投資美股，不用選擇買進美國標準普爾 500
ETF（VOO）和波克夏（BRK.B），但可以保持關注。

　　善用投資標竿和你的投資績效進行評比，可以幫助你認清自
己的投資能力，找到適合的投資方式、可接受的年化報酬率，為

圖表 2-2　主動投資配速原則

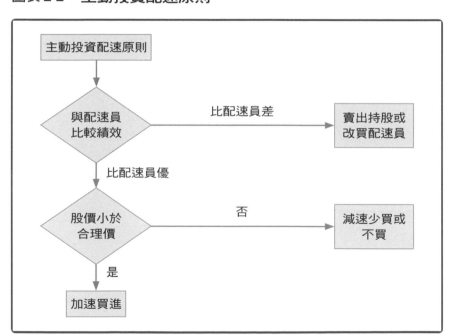

投資配速，達成投資目標。如果你的投資組合績效優於配速員，
請保持目前的投資方式，穩定前進；如果經常輸給配速員，表示
主動投資不適合你，建議可以將資金放在指數型 ETF，改為被動
投資，或是直接投資配速員就好；如果有時贏有時輸，則可以把
投資組合裡的部分標的更換成投資標竿的成分股，讓績效表現更
接近投資標竿。

圖表 2-3　被動投資配速原則

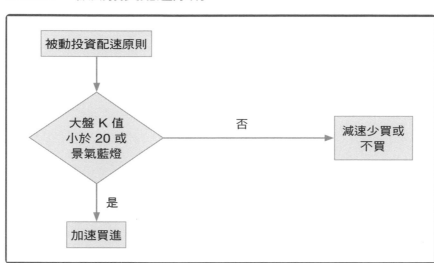

2

投資組合這樣配置，
下跌 50% 照樣獲利

　　請想像一下：當買進一檔個股後，股價開始下跌，跌幅多少時你會感到焦慮？最近三年台股有幾次明顯下跌，包括 2018 年 10 月中美貿易戰的小股災（圖表2-4）、2020 年 3 月新冠肺炎疫情引起的股市熔斷，及 2021 年本土疫情爆發後的小股災。多數投資人在出現 30% 的帳面虧損時會開始焦慮，懷疑自己的投資是否正確，如果這時沉不住氣賣出股票，就是真的虧損了。

　　最經典例子就是巴菲特買進美國運通（交易代號 AXP）後，自 1998 年以來就未再調節過持股，之後經歷了 2000 年高科技泡沫和 2008 年金融海嘯，兩次股價跌幅超過 60%，巴菲特都未賣出持股，因為美國運通（AXP）的品牌價值、營運模式與護城河競爭優勢都沒有改變，不符合他的賣出條件。巴菲特的沉得住氣，讓美國運通（AXP）在 2021 年為波克夏賺進了 77 億美元的獲利。（圖表2-5）

　　股市的波動很考驗人心，有人喜歡自己的投資標的跟隨大盤

圖表 2-4　2018 年 10 月中美貿易戰台股大盤 K 線圖

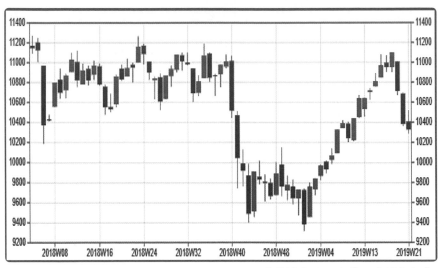

（資料來源：台灣股市資訊網）

圖表 2-5　美國運通（AXP）股價圖

（資料來源：MoneyDJ 理財網）

的波動安穩度日，有人則喜歡大風大浪才有機會低價加碼。投資界常用風險係數 β 值來衡量個股或投資組合的風險，代表對市場的敏感程度，β 等於 1 時，代表個股和大盤同步；β 大於 1 時，代表個股的波動性大於整體市場的波動性；β 小於 1 時，代表個股的波動性小於整體市場的波動性；β 值為負數時，代表走勢跟大盤相反。

β ＝ 1：個股和大盤同步
β ＞ 1：個股波動性＞整體市場波動性
β ＜ 1：個股波動性＜整體市場波動性
β ＜ 0：走勢跟大盤相反

以 2021 年 8 月 19 日查詢的近 3 年風險係數來看，台灣 50（0050）為 1.04，與大盤同步；護國神山台積電（2330）為 1.25，比大盤漲跌幅大；中華電（2412）為 0.2，漲跌幅比大盤小但同方向；富邦美債 7-10（00695B）為負 0.08，與大盤反方向。這可以說明各類標的相對於台股大盤的敏感程度不同，有的震盪比大盤還劇烈，有的則幾乎不受影響，投資人應該了解手上持有標的的風險係數，掌握股性後才能篩選出適合自己的投資組合。此外，了解自己可以承受的波動程度，最大的價值是能夠提早因應不知何時會來的股災。

圖表 2-6　查詢個股風險係數

　　1. 透過台灣股市資訊網（https://goodinfo.tw/StockInfo/index.asp），輸入股票代號後點按「股票查詢」，範例為台灣 50（0050）。

　　2. 在 K 線圖下方表格即可查看風險係數，共有 9 種計算區間。

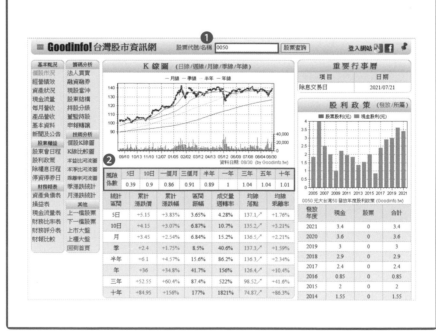

被動投資資產配置：債券 ETF 比例等於歲數

　　被動投資的資產配置策略，是搭配指數型股票 ETF 和債券 ETF，選擇彼此負相關的資產組合，當遇到股市震盪時，若是漲勢當然皆大歡喜，但若是遭遇跌勢，才能避免手上所有持股一起下跌。《約翰柏格投資常識》（*The Little Book of Common Sense Investing*）書中建議，**持有債券的比例應該等同於你的年齡**，其餘部分則持有股票，例如 30 歲年輕人應該配置 30％ 的債券 ETF 和 70％ 的股票 ETF，60 歲年長者則應配置 60％ 的債券 ETF 和 40％ 的股票 ETF，但是這個比例並非不能變動，還要考慮風險容忍度。

> 債券 ETF 持有比例：股票 ETF 持有比例
> ＝歲數 ％：（100－歲數）％

　　就長期投資來說，股票的報酬率優於債券，但缺點是短期波動大，投資者能不能承受股災時股價下跌的帳面損失壓力，這是根本問題。股票和債券是彼此負相關的資產，透過資產配置降低整個投資組合的波動，在可容忍的風險下，才能長期持有，持續累積資產。這樣的資產配置可說是，犧牲部分股票資產帶來的長期投資高報酬，換取降低波動的優點，因此不是績效最好的投資策略，投資前必須先有這個認知。

主動投資組合比例：定存股比例等於歲數

　　主動投資的投資組合管理，是選擇不同產業的股票，搭配成長股和定存股，管理持股比例上限來因應波動。巴菲特建立核心投資組合時，會集中投資於未來高度成長的企業，股市中通常會同時呈現多個高勝算的產業或個股，所謂勝算包括產業的前景與成長率預估，以及個別公司的營運狀況及未來發展，評估勝算來配置投資組合最適比例，當遭遇個別股票價格大幅波動時，自然能夠降低整體投資績效的影響程度。

　　讓投資組合涵蓋不同的產業，當單一個股出現重挫時，其他個股會因為彼此之間的相關程度低，反而上漲或跌幅較輕，可以平衡投資組合的整體績效。另外，同時搭配波動度高的成長股和波動度低的定存股，也有舒緩投資組合整體波動度的效果。管理持股比例上限方面，根據我自己的經驗，建議單一類股持股上限不超過 30％，單一個股持股上限不超過 20％，定存股持股比例等同於你的年齡，成長股的持有比例是 100 減掉年齡。例如 30 歲年輕人應該配置 30％ 的定存股和 70％ 的成長股，而 60 歲年長者則應配置 60％ 的定存股和 40％ 的成長股，大家可以根據自己的風險容忍度，調整成最適合自己的比例。

> 定存股持有比例：成長股持有比例
> ＝歲數 ％：（100－歲數）％

3

看景氣對策信號，
決定加速或減速

　　被動投資的配速持股操作是「指數型 ETF 在指數相對低檔區時買進加速，相對高檔區減速」，但是大盤指數多少時是相對低檔？多少又是相對高檔？「景氣對策信號」提供被動投資人一個買賣時機的參考指標。

什麼是景氣對策信號

　　景氣對策信號是由國發會每月公布一次，用來推測未來景氣的方式，使用類似交通號誌的 5 種不同顏色燈號，來代表景氣過熱或衰退。景氣對策信號由 9 項指標組成，每項指標最低 1 分，最高 5 分，所以綜合判斷分數最低是 9 分，最高是 45 分。每月27 日左右會公布上個月的景氣對策信號，可透過景氣指標查詢系統（https://index.ndc.gov.tw/n/zh_tw）查詢。

　　2021 年 2 月時，景氣對策信號出現睽違已久的紅燈，上一次紅燈出現在 2010 年 8 月，當時是 2008 年金融海嘯後的景氣復

甦年代。2021 年 2 月的綜合判斷分數為 40 分，上一次 40 分出現在 1989 年 3 月，當時是台股大盤衝向 12,682 點的泡沫年代。

5 種信號的意義和配速原則

景氣對策信號有紅、黃紅、綠、黃藍、藍等 5 種顏色，「紅燈」代表景氣熱絡，政府會採取適當的緊縮政策，因此這時可以賣出股票獲利了結；「藍燈」代表景氣低迷，政府會採取措施刺激景氣復甦，此時則是加碼買進的好時機；「綠燈」代表景氣穩定，若是指數正好在相對低檔時可以逢低買進，持續累積資產；

ⓢ 理財小知識：景氣對策信號

景氣對策信號代表台灣整體經濟狀況，適用於和大盤連動性高的台灣 50（0050）投資操作。

項目	紅燈	黃紅燈	綠燈	黃藍燈	藍燈
意義	景氣熱絡	觀察景氣是否轉向	景氣穩定	觀察景氣是否轉向	景氣低迷
分數	38～45	32～37	23～31	17～22	9～16
政府採取措施	適當的緊縮措施	不宜刺激經濟成長	穩定促進成長措施	適時採取擴張措施	強力刺激景氣復甦

「黃紅燈」及「黃藍燈」為注意性燈號，需觀察景氣是否轉向，這兩種狀況下不管是買進或賣出都應謹慎。

景氣對策信號代表臺灣整體經濟狀況，和全球經濟連動，各國政府採取的經濟復甦方案或緊縮政策造成的影響，也會間接反映在景氣對策信號上。

台股波段高低點與景氣燈號不一定一致

景氣對策信號可以反映出指數所在位階高低，提供被動投資人一個大方向的指引，實際執行策略為：**「藍燈」時加速，採取買進策略，「紅燈」時減速**，採取小買、不買、或甚至賣出的策略，權衡進出以安心不焦慮為原則。我們可以用兩段波動表現完全相反的台股歷史，來看景氣對策信號與台股波段的關係，以及因應的配速策略。

● 2010 年～2011 年金融海嘯後復甦時期

回顧 2010 年 1 月，當時景氣對策信號亮出第一顆紅燈，台股波段也達到高點，大盤指數攀升至 8,395 點，指數位於相對高檔區，此時的配速持股策略為應該減速謹慎應對。在連續四個月紅燈後，景氣對策信號轉為黃紅燈，台股受到歐洲主權債務危機影響，也從 2010 年 2 月開始下挫，到 2010 年 5 月時已跌至 7,032 點。

2010 年 7 月時景氣對策信號亮出了第二波紅燈，之後連續

兩個月紅燈，到 2010 年 9 月時轉為黃紅燈再持續至 2011 年 2 月，這段時間的台股，在經歷了 2010 年 5 月及 6 月的低點後，2010 年 7 月時也漲勢再起，指數一路走升到 2011 年 2 月的 9,220 點後才開始回檔。

2011 年 8 月時，因為美國國會針對舉債上限無法達成共識，信評機構標準普爾公司將美國債信評等從 AAA 降為 AA+，此舉引發了全球股市集體重挫，台股也無法倖免，雖然從 2011 年 3 月已開始微幅下跌，但跌幅並不深，仍維持在 9,000 點上下，2011 年 8 月的重挫直接跌破 8,000 點，之後更一路下跌至 6,609 點，超過 2010 年 5 月、6 月時的低點，到 2012 年 1 月才止跌回升。

從 2010 年到 2011 年，以大盤指數來看雖然在 2010 年 5 月、6 月時歷經了兩個月的低點，但從景氣對策信號研判，指數在 2010 年一整年都在相對高檔區，這一年的配速持股策略都是應該減速少買或甚至不買。另外，兩次紅燈後的燈號轉變原因雖然不同，分別是歐洲主權債務危機影響和美國債信評等降等，但景氣對策信號降至黃紅燈後持續多月，並未立即再降為綠燈，表示台股雖然受國際情勢連動而下挫，但指數仍在相對高檔區，如果前面沒有把持住配速原則減速少買或不買，恐怕將無力應付後面的波動。（請見圖表 2-7 及第 92 頁圖表 2-8）

圖表 2-7　2010 年～2011 年月收盤指數與景氣燈號關係

時間	景氣對策信號	分數	月收盤指數
2009 年 12 月	黃紅燈	37	8,188.1
2010 年 1 月	紅燈	38	7,640.4
2010 年 2 月	紅燈	38	7,436.1
2010 年 3 月	紅燈	39	7,920.1
2010 年 4 月	紅燈	39	8,004.3
2010 年 5 月	黃紅燈	37	7,374.0
2010 年 6 月	黃紅燈	37	7,329.4
2010 年 7 月	紅燈	38	7,760.6
2010 年 8 月	紅燈	38	7,616.3
2010 年 9 月	黃紅燈	37	8,237.8
2010 年 10 月	黃紅燈	34	8,237.1
2010 年 11 月	黃紅燈	32	8,372.5
2010 年 12 月	黃紅燈	34	8,972.5
2011 年 1 月	黃紅燈	34	9,145.4
2011 年 2 月	黃紅燈	34	8,599.7
2011 年 3 月	綠燈	31	8,683.3

圖表 2-8　2010 年～2011 年月收盤指數與景氣燈號關係

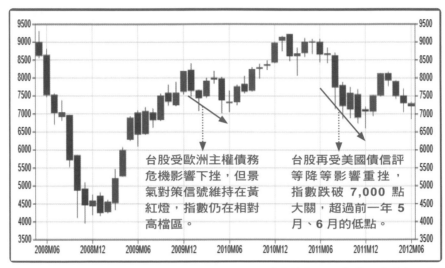

台股受歐洲主權債務危機影響下挫，但景氣對策信號維持在黃紅燈，指數仍在相對高檔區。

台股再受美國債信評等降等影響重挫，指數跌破 7,000 點大關，超過前一年 5 月、6 月的低點。

（資料來源：台灣股市資訊網）

● 2020 年～2021 年新冠肺炎疫情後復甦時期

　　時間拉近至 2020 年初，開年時景氣還是代表穩定的綠燈，但在新冠肺炎疫情於全球爆發後，台股即在 3 月 19 日創下波段低點 8,523.63 點，3 月份的景氣對策信號也由綠燈轉變為代表需要觀察景氣是否轉向的黃藍燈。當時各國央行為了支撐疫情下的經濟，紛紛祭出超寬鬆的貨幣政策及振興經濟措施，燈號才在 8 月份時由黃藍燈轉變為綠燈，股市也開始蘊釀漲勢。

　　雖然指數在 3 月短暫出現低點後就快速回到萬點以上，且一路上揚，但景氣對策信號一直維持黃藍燈，表示即使指數在

攀升，但仍位在相對低檔區，因此這段時間的配速持股原則即是指數相對低檔時買進，持續累積資產。直到 2021 年 2 月時景氣對策信號亮出第一顆紅燈，並連續出現 5 個月紅燈至 2021 年 6 月，台股也在 7 月 15 日創下波段新高 18,034.19 點，這段時間指數已經進入相對高檔區，應該採取減速策略。（請見下頁圖表 2-9 及第 95 頁圖表 2-10）

「紅燈」下的投資策略

景氣對策信號出現「紅燈」後，根據歷史經驗，可能會持續紅燈幾個月，即使再轉為黃紅燈，景氣狀況也不會立刻反轉，可能再出現第二波紅燈之後景氣才會真正轉向。此時多頭仍會持續一段時間，但無法預測持續多久，這段時間的投資應提高風險意識，隨時檢視資產配置與投資組合，做好迎接指數回檔修正的準備。

在所有指數型 ETF 中，**台灣 50（0050）因為與台股大盤指數同步，最能反映臺灣景氣變化，因此最適合參考景氣對策信號來操作長期投資。**以目前的景氣狀況來評估操作策略，從 2021 年 2 月起到 8 月，已連續 7 個月出現紅燈，配速持股的原則即應該要減速，等到燈號亮出藍燈時再加速買進。

圖表 2-9　**2020 年～2021 年月收盤指數與景氣燈號關係**

時間	景氣對策信號	分數	月收盤指數
2020 年 1 月	綠燈	25	11,495.1
2020 年 2 月	綠燈	24	11,292.2
2020 年 3 月	黃藍燈	20	9,708.1
2020 年 4 月	黃藍燈	19	10,992.1
2020 年 5 月	黃藍燈	19	10,942.2
2020 年 6 月	黃藍燈	19	11,621.2
2020 年 7 月	黃藍燈	21	12,664.8
2020 年 8 月	綠燈	26	12,591.5
2020 年 9 月	綠燈	27	12,515.6
2020 年 10 月	綠燈	28	12,546.3
2020 年 11 月	綠燈	30	13,722.9
2020 年 12 月	黃紅燈	34	14,732.5
2021 年 1 月	黃紅燈	37	15,138.3
2021 年 2 月	紅燈	40	15,953.8
2021 年 3 月	紅燈	40	16,431.1
2021 年 4 月	紅燈	41	17,566.7

圖表 2-10　2020 年～2021 年月收盤指數與景氣燈號關係

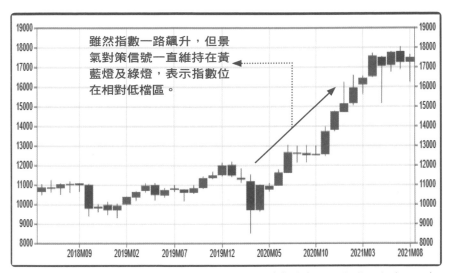

（資料來源：台灣股市資訊網）

4

從公司的護城河競爭優勢選股

　　男怕入錯行，女怕嫁錯郎。對於主動型價值投資人來說，股票選對或選錯也一樣重要，選對了，下跌時可勇於承接買進；選錯了，則會落入越攤越平的下場。價值投資選股首重公司的護城河競爭優勢，沒有護城河的公司就完全不用考慮投資。再來使用股東權益報酬率、公司獲利及股息，這些量化指標來檢視護城河競爭優勢的高低，高度護城河競爭優勢的公司會具備高股東權益報酬率、高獲利及股息，應篩選這樣的標的納入投資組合。

保障公司競爭利基的 5 種護城河

　　所謂企業護城河，是指可以持續創造價值，不被競爭對手威脅或超越的企業優勢。美國晨星公司（Morningstar, Inc.）股票研究部門主管多爾西（Pat Dorsey）在《護城河投資優勢：巴菲特獲利的唯一法則》（*The Little Book that Builds Wealth: The Knockout Formula for Finding Great Investments*）書中提到的護城

河包含以下五項：

1. 無形資產（品牌、專利、特許執照）

　　能夠使消費者願意支付高價，或是有助於維持對產品的忠誠度，願意持續重複消費的，就是企業的無形資產，例如在盒裝豆腐市占率將近七成的中華食（4205），就是擁有這類型護城河的標的。最棒的無形資產護城河，通常是由眾多特許經營權組合而成，最典型的例子就是擁有政府特許執照的廢棄物處理業者，例如：日友（8341）、崑鼎（6803）、可寧衛（8422）。

　　另外一個比較特殊、具備政府許可壟斷優勢的標的，是大地-KY（8437）。中國在 2015 年底正式通過全面的二胎政策，從 2016 年起全中國人民都可以生育兩個孩子，這個新政策勢必會引發一波新生兒商機，我於是開始尋找是否有相關產業會因為新政策而受惠，發現中國為了順利推動新市鎮及社區開發，在 2010 年時就已規定每 2,000 戶就必須設置一所幼稚園，這個法令讓經營中國幼兒教育市場的大地-KY（8437）有機會形成社區配套區域壟斷，在 2015 年時一上市就有極具優勢的護城河。

2. 轉換成本

　　企業產品或服務與客戶的營運緊密結合，讓客戶很難轉換到其他競爭者，就具備轉換成本的護城河優勢，例如食品原料供應商德麥（1264）和鮮活果汁-KY（1256）。另外，透過產品安

圖表 2-11　大地-KY（8437）股價圖

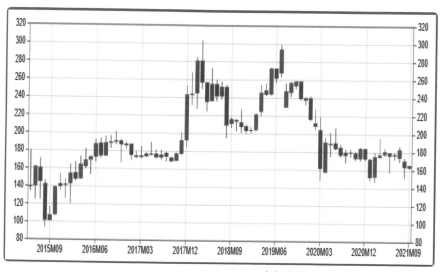

（資料來源：台灣股市資訊網）

裝、教育訓練、維修服務，與客戶建立長久的合作關係，讓客戶
留存率高，也是一種轉換成本護城河，經營網路資安系統整合的
敦陽科（2480）就是這個類型的標的。

3. 網絡效應

　　網路具有聚集使用者的效應，而產品與服務的價值會隨著使
用者的增加而提高，這種優勢經常發生在分享資訊的企業，或是
銜接使用者的產業，例如一零四（3130）。104 人力銀行提供找
工作和找人才的網路平臺，求才和徵才的雙方為了追求最大的曝

光度，會優先選擇市占率最大的人力銀行，也就形成了大者恆大的網絡效應。

4. 成本優勢

透過獨特的地理位置、擁有特殊資源、便宜的生產程序，形成低成本優勢，是可見於製造業的護城河。例如鴻海（2317）的全球化布局——臺灣接單後選擇在低成本國家生產，再向全球出貨，再加上水平跟垂直整合上下游產業來降低生產成本，以及代工量提升向供應商議價取得更低成本，都是讓鴻海牢不可破的護城河。

5. 規模優勢

在一個利基市場當中，只有少數公司提供服務，就有可能產生有效規模。例如便利商店業的統一超（2912）及全家（5903），兩家公司在臺灣的市占率分別為 50.5％ 及 31.6％，合計超過八成，是具備經濟規模的零售通路，對貨品供應商的議價能力大，可壓低成本，在便利商店產業裡已經形成寡占市場，新的競爭者很難有生存空間。

評估護城河優勢高低

護城河競爭優勢的高低，可以用股東權益報酬率（ROE）及股息來判斷，股東權益報酬率是衡量公司替股東賺錢效率的指

標，計算公式是稅後純益除以股東權益。它也是巴菲特挑選成功
企業的原則，能表現出護城河投資優勢的強弱，是價值投資者使
用的指標。

股東權益報酬率（ROE）

　　一般投資人常用的獲利指標是每股盈餘（EPS），計算公式
是稅後純益除以在外流通股數，代表每股獲利能力。兩項指標的
差異是分母，股東權益在資產負債表上是資產減去負債，包含公
司在外流通股數、特別股、資本公積、保留盈餘等科目，與每股
盈餘相比，更能看出公司替股東賺錢的效率，投資人在評估時，
其實應該更聚焦在股東權益報酬率上。舉例來說，假設 A 公司
和 B 公司的每股盈餘都是 5 元，但 A 公司的股東權益報酬率是
15％，而 B 公司是 30％，代表 B 公司替股東賺錢效率比 A 公司
更高，更值得投資。

$$股東權益報酬率 = \frac{稅後純益}{股東權益} \times 100\%$$

$$每股盈餘 = \frac{稅後純益}{在外流通股數} \times 100\%$$

探討影響股東權益報酬率的原因，遠比它的數字重要。我的衡量標準分為必要條件、加分條件及潰堤指標：

> 必要條件：近 5 年每年股東權益報酬率皆＞15%，且近 4 季股東權益報酬率＞15%。
>
> 加分條件：股東權益報酬率持續成長。
>
> 潰堤指標：股東權益報酬率＜15%，且連續衰退累計達 10%。

如果個別年度有一次性的異常狀況，例如中保科（9917）在 2016 年時認列了轉投資公司復興航空解散的一次性虧損、統一超（2912）2017 年時認列了轉投資公司上海星巴克出售的一次性獲利、大地-KY（8437）在 2020 年因新冠肺炎疫情造成幼稚園停課的一次性獲利衰退，在評估公司護城河時，我會特別作記號，可以略過不列入評估（見圖表 2-12）。

獲利及股息穩定成長

企業近 5 年獲利（母公司業主淨利）和近 5 年現金股利都要能穩定成長，才是值得選擇的標的，如果個別年度有一次性的獲利或虧損，同樣也特別記錄下來，評估時可以略過（見第 104 頁圖表 2-13）。

圖表 2-12　個股近 5 年股東權益報酬率追蹤記錄表

公司名稱（股票代號）	2016 年	2017 年	2018 年	2019 年	2020 年
全家（5903）	28.16	27.21	30.16	31.70	33.74
鮮活果汁-KY（1256）	25.30	23.44	26.73	28.54	32.85
日友（8341）	26.10	30.38	29.64	33.76	31.63
台積電（2330）	25.59	23.56	21.95	20.93	29.84
統一超（2912）	34.62	69.68	22.69	27.14	25.14
中華食（4205）	17.67	19.06	16.75	18.97	21.50
中保科（9917）	6.11	21.81	19.66	19.80	21.30
德麥（1264）	21.94	20.67	20.00	20.29	21.00
可寧衛（8422）	28.09	25.46	24.13	21.00	20.55
崑鼎（6803）	28.12	18.28	18.41	19.29	18.64
敦陽科（2480）	10.86	11.59	15.64	16.42	17.69
大地-KY（8437）	21.43	23.24	23.56	27.67	4.95

註：灰色標記為一次性虧損或衰退，紅色標記為一次性獲利或成長，評估時會略過。

圖表 2-13　個股近 5 年獲利（母公司業主淨利）追蹤記錄表

公司名稱（股票代號）	2016 年	2017 年
全家（5903）	1,377,162	1,407,332
鮮活果汁-KY（1256）	226,826	286,745
日友（8341）	613,762	783,785
台積電（2330）	334,247,180	343,111,476
統一超（2912）	9,836,690	31,017,094
中華食（4205）	224,947	264,974
中保科（9917）	615,314	2,205,567
德麥（1264）	445,553	451,695
可寧衛（8422）	1,441,053	1,363,498
崑鼎（6803）	848,097	761,339
敦陽科（2480）	299,699	305,667
大地-KY（8437）	335,726	426,592

註：灰色標記為一次性虧損或衰退，紅色標記為一次性獲利或成長，評估時會略過。

（單位：千元）

2018 年	2019 年	2020 年
1,614,381	1,830,514	2,129,632
441,633	548,142	778,199
823,361	992,998	993,948
351,130,884	345,263,668	517,885,387
10,206,388	10,542,860	10,238,162
246,285	284,973	339,841
2,046,828	2,136,561	2,388,900
447,052	496,254	539,070
1,320,610	1,178,988	1,177,219
806,912	811,312	842,254
404,220	446,501	497,618
525,446	710,947	130,110

圖表 2-14　個股近 5 年現金股利追蹤記錄表　　（單位：元）

公司名稱 （股票代號）	2016 年	2017 年	2018 年	2019 年	2020 年
全家 （5903）	5.20	5.50	5.80	6.50	7.50
鮮活果汁-KY （1256）	4.20	5.00	6.20 （股票股 利 1.00）	6.20	12.00
日友 （8341）	4.50	6.00	6.50	8.00	8.20
台積電 （2330）	7.00	8.00	8.00	9.50	10.00
統一超 （2912）	8.00	25.00	8.80	9.00	9.00
中華食 （4205）	1.50 （股票股 利 1.10）	3.00	2.80	3.00	2.00 （股票股 利 1.00）
中保科 （9917）	3.50	4.00	4.00	4.00	5.00
德麥 （1264）	10.00 （股票股 利 1.00）	10.50	11.00	11.00	12.00 （股票股 利 1.00）
可寧衛 （8422）	11.50	11.00	10.00	10.00	10.00
崑鼎 （6803）	11.34	9.65	10.82	10.83	10.95
敦陽科 （2480）	2.10	2.62	3.42	4.45	4.30
大地-KY （8437）	6.13 （股票股 利 0.20）	7.09 （股票股 利 0.50）	8.25 （股票股 利 2.50）	7.50	3.00

註：灰色標記為一次性虧損或衰退，紅色標記為一次性獲利或成長，評估時會略過。

定期檢視護城河，調整持股

　　長期投資組合納入具有護城河競爭優勢公司後，必須定期檢視護城河是否還存在，如果護城河已經消失，就要剔除這個標的。例如大豐電（6184）過去具備有線電視營運許可的護城河，在新北市土城區和板橋區的有線電視業為寡占市場，因此獲利穩定，但在國家通訊傳播委員會開放新業者加入，以及既有業者可以申請跨區經營後，這項新政策導致護城河消失，大豐電

圖表 2-15　大豐電（6184）2013 年至 2020 年股東權益報酬率、獲利及股息追蹤記錄表

指標	股東權益報酬率（％）	獲利（億元）	現金股息（元）
2013 年	10.1	2.57	2.50
2014 年	8.59	3.28	1.99
2015 年	5.49	3.06	0.50
2016 年	-5.61	-1.86	0.50
2017 年	7.57	3.51	2.50
2018 年	7.9	3.52	2.50
2019 年	12.1	5.02	3.00
2020 年	11.8	5.01	3.00

（資料來源：台灣股市資訊網）

（6184）2015 年至 2016 年的股東權益報酬率、獲利及股息等指標皆衰退，於是我就將這支個股從投資組合排除。

2017 年時大豐電（6184）的跨區經營和數位化轉型都展現出成效，各項指標也逐步回升，目前已經連續 3 年表現不俗，如果之後都繼續穩定成長，可以再評估是否再次納入投資組合。

5

用本益比算出便宜價，
決定買進點

　　想要當一名價值投資人，在篩選出具有護城河競爭優勢的公司後，接下來面臨的問題是何時進場。股票價格不停的跳動著，必須先找到合理價的位置，然後耐心等待股價低於合理價時就可以進場了。**一般常用評估股價的方法是本益比法，可以透過財報數字計算出個股的便宜價、合理價、昂貴價。**

　　本益比是股價（Price）除以每年每股盈餘，代表買進這檔股票後，需要幾年可以回本，但這個方法不適用於虧損或獲利不穩定的公司。買進股票主要是看這家公司未來的獲利能力，正確的本益比計算是使用預估未來 4 季的每股盈餘，但是未來的不確定性高，因此實務上仍是使用近 4 季的每股盈餘數字。

　　觀察一家公司可以看它的歷史本益比區間，市場給予成長型公司的本益比會比較高，因為預期未來獲利能力高，雖然現在的每股盈餘低，但只要未來能成長，回本時間就可以縮短。至於要觀察多久的歷史本益比區間，則是各有標準，有的投資人選擇今

年的本益比區間，有的投資人則會選擇長達 8 年的本益比區間。根據實務經驗，我會使用近 5 年的歷史本益比區間，主要考慮到期間太短，容易因為市場情緒過度樂觀或悲觀，給予過高本益比或過低本益比，影響價值評估的合理價；若是期間太長，又無法反映成長股調整狀況。

在收集個股的本益比數據時，也要看一下基本資料，如果當年度有異常狀況，像是一次性的獲利或虧損，可以排除當年度的本益比，減少誤判的機率。此外，一般狀況下的近 4 季累積每股盈餘，是最近 4 季母公司業主淨利總和除以期末在外流通股數，但如果公司因配發股票導致股本膨脹時，近 4 季累積每股盈餘就不會只是單季每股盈餘直接相加，這個特殊狀況也要留意。

用本益比算出便宜價、合理價、昂貴價

便宜價、合理價、昂貴價的計算方法：

便宜價＝近 4 季每股盈餘總和×近 5 年最低本益比

合理價＝近 4 季每股盈餘總和×（近 5 年最低本益比
＋近 5 年最高本益比）÷2

昂貴價＝近 4 季每股盈餘總和×近 5 年最高本益比

為了容易理解，本益比法的價值評估結果和投資策略，我會

運用類似景氣對策信號的燈號來呈現。將本益比法計算出個股的便宜價、合理價、昂貴價之後，再與目前股價進行比較，如果股價低於合理價，就是綠燈，可以買進；若是股價高於合理價但接近合理價，則是黃燈，僅可小幅買進；若股價高於合理價且接近昂貴價，或甚至還高於昂貴價，那就是紅燈了，必須停止買進或進行賣出。

圖表 2-16　本益比燈號

價值評估	燈號	配速持股策略
股價低於合理價	綠燈	可以買進
股價高於合理價但接近合理價	黃燈	僅可小幅買進
股價高於合理價且接近昂貴價	紅燈	停止買進或進行賣出
股價高於昂貴價		

圖表 2-17　算出便宜價，決定買進點
　　　　　　（以敦陽科〔2480〕為例）

1. 查詢近 5 年本益比

　　透過永豐金理財網（https://www.sinotrade.com.tw），（1）輸入敦陽科（2480）代碼後點選查詢，（2）點選「基本分析／基本資料」，（3）在右側表格查看近 5 年（2017 年度至 2021 年度）的本益比數據，最低為 10.72，最高為 17.56。

永豐金證券 SinoPac Securities 永裕財富·豐盈人生		我要開戶 智慧小豐 營業據點 投顧專區				繁體版·電腦版	
		2480 查詢 關鍵字 站內查詢					
理財產品		豐雲學堂	電子交易指引		客戶服務		

基本分析								
基本資料		0.14% (元)		2,176.00 營業利益率	10.51 稅後差	0.00%		
	最近一個月	1.45%	每股營收 (元)	14.28	稅前淨利率	11.24%		
所屬產業	最近二個月	3.55%	負債比例	52.66%	資產報酬率	2.38%		
股本形成	最近三個月	2.79%	股價淨值比	2.81	股東權益報酬率	5.20%		
股利政策	基本資料		配股配息(109[累計至 年配])					
	股本(億, 台幣)	10.64	現金股利 (元)	4.3				
經營績效	成立時間	82/03/24	股票股利	0				
獲利能力	初次上市 (櫃)日期	90/09/17	盈餘配股	0				
轉投資	股務代理	元大證 02-25865859	公積配股	0				
	董事長	梁修崇						
營收盈餘	總經理	梁修崇						
重大行事曆	發言人	鄭瑞華						
產銷組合	營收比重	諮詢與維修服務28.00%、網路產品22.75%、儲存設備15.63%、工作站及伺服器主機14.11%、電腦軟體12.86%、電腦周邊產品5.12%、個人電腦(PC)1.34%、其他0.20% (2020年)						
	公司電話	03-5425566						
公司互動	網址	http://www.sti.com.tw						
相關權證	公司地址	新竹市東大路二段83號12樓之1						
	年度	110	109	108	107	106	105	104	103
	最高總市值	7,754	7,977	6,509	4,558	4,367	3,816	4,035	4,494
技術分析	最低總市值	7,009	5,116	4,169	3,739	3,632	3,138	2,765	3,556
	最高本益比	15.48	17.56	16.11	14.77	15.19	13.39	20.14	19.52
籌碼分析	最低本益比	13.40	11.45	11.63	10.72	12.02	11.13	9.95	14.06
	股票股利	N/A	0.00	0.00	0.00	0.00	0.00	0.00	0.00
財務分析	現金股利	N/A	4.30	4.45	3.42	2.62	2.10	2.00	2.00
	上方"年度"表格中的最高與最低數據是年度內統計(01/01-12/31)資料。							

2. 查詢近 4 季每股盈餘

透過永豐金理財網（https://www.sinotrade.com.tw），輸入敦陽科（2480）代碼後點選查詢，（1）點選「基本分析／獲利能力」，（2）在右側表格查看近 4 季的每股盈餘，分別是 2021 年第 2 季 1.26，2021 年第 1 季 1.35，2020 年第 4 季 1.29，2020 年第 3 季 1.09，總和為 4.99。

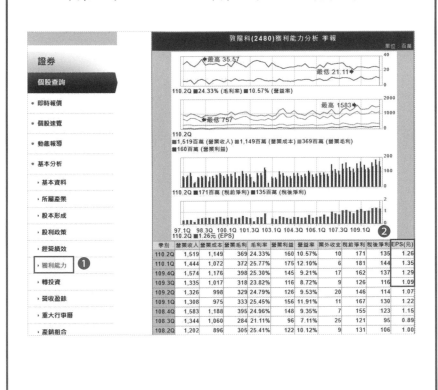

3. 計算便宜價、合理價、昂貴價

得到近 5 年本益比和近 4 季每股盈餘後，即可計算便宜價、合理價、昂貴價。

便宜價＝近 4 季每股盈餘總和×近 5 年最低本益比

＝4.99×10.72＝53.49

合理價＝近 4 季每股盈餘總和×（近 5 年最低本益比

＋近 5 年最高本益比）÷2

＝4.99×（10.72＋17.56）÷2＝70.56

昂貴價＝近 4 季每股盈餘總和×近 5 年最高本益比

＝4.99×17.56＝87.62

4. 判斷燈號與決策

用燈號來表示目前股價與個股的便宜價、合理價、昂貴價的比較結果，當股價低於 70.56 元為綠燈，可買進；當股價高於 70.56 元但接近 70.56 元為黃燈，僅可小幅買進。當股價高於 70.56 元但接近 87.62 元或高於 87.62 元為紅燈，停止買進。

6

買股、賣股、換股的最佳時機

　　巴菲特有個著名的「打洞卡」投資理論：你的手上有一張只有 20 個洞的卡片，每當做了一個投資決定，就會用掉一個洞，一旦用完卡上的 20 個洞，你就不能再投資了。這個理論在告訴我們，買股、賣股、換股之前都要謹慎思考。

買股前的三項重要評估

　　由於投資組合已有比例配置，再加碼買進時勢必會打亂原有比例，因此在買股前一定要先做下列 3 項評估，確保維持原本的配置比例。

1. 檢查投資組合比例上限

　　主動投資者應透過投資組合管理，選擇不同產業的股票，搭配成長股和定存股，管理持股比例上限來因應波動，達成市值與股息每年持續成長的目標。因此買進股票前第一項評估是檢查目

前投資組合的持股比例，對於已達比例上限的產業、個股、定存股、成長股，就暫停買進（我的操作是同一類股持股上限不超過 30％，單一個股持股上限不超過 20％），未達上限的標的就可以列入買進計畫，以持股比例最低的優先買進。

2. 排定投資組合持股比例高低

投資組合的產業與個股比例，可以根據勝算評估來排定比例高低，看好的產業與個股就配置較高比例，這個策略即是巴菲特的集中投資哲學。

投資組合中的成長股和定存股，以年齡和風險容忍度來排定比例之後，管理原則是同時買進，隨時保持配置的比例不變。由於成長股的波動性大但殖利率較低，定存股的波動性較小但殖利率高，因此，同時買進成長股和定存股，可以平衡波動和平均殖利率，不至於因為成長股或定存股的比重過高，而使風險變大或是削弱獲利。

若是只有其中一方達到買進時機，另一方未達到或甚至在昂貴價，可以少量加碼已達買進時機的標的就好，盡量保持持股比例不會差太遠。在每週、每月、每季檢視投資週記時也要求自己，遵守保持成長股和定存股比例不變的紀律，在下週、下月、下季找機會把持股比例調整回來。

3. 比較個股價值評估與市價

　　再來是判斷買進時機，透過本益比法價值評估，當股價低於合理價時為綠燈，即可買進；當股價位於合理價及昂貴價之間，但比較接近合理價就是黃燈，僅可小幅買進。由於投資組合持股都是具備護城河競爭優勢，所以當股價大跌，不只是低於合理價，還接近便宜價時，此時的配速持股策略就應加速買進，掌握住累積持股量的好機會。

賣出股票前的兩項重要評估

　　指數型基金教父約翰‧柏格和股神巴菲特都主張長期投資，柏格講求投資超低成本的指數型基金並永久持有，他認為指數型基金的設計，就是專為人們持有一輩子而打造的。而巴菲特也認為，只要企業能維繫歷久不衰的競爭優勢，那就絕對不要賣出，持有時間越久，成果越豐碩。

　　不過一般人對於巴菲特有個誤解，以為「只買不賣」是他唯一的操作法則，其實只要下列三個必要時機出現時，巴菲特還是會出脫持股：（1）需要資金周轉，或發現更好且便宜的投資標的時；（2）企業喪失競爭優勢，護城河消失時；（3）**多頭市場陷入瘋狂，那些優質企業的本益比達到 40 或更高水準時。**

　　成長股價值投資之父費雪則認為，可賣出持股的三個理由是：（1）有好的投資機會出現，把原本持有的股票比下去，但手上又沒有閒置資金時，但這種情況必須是非常有把握才可行

動。（2）隨著時間推移，公司狀況已不符合當初買進時的要點，就該賣出持股。如果是因為公司產品的市場潛力耗盡，脫手速度不需要太急切，可以等到有其他更適合的投資標的出現時再賣出，但如果是因為管理惡化，那就應該全數出脫該公司股票。（3）當初買進時犯下錯誤，這時必須誠實面對自己，仔細檢討所有損失，才能從中得到教訓。

綜合巴菲特的賣出時機與費雪的賣出理由，可以將賣出股票最需要注意的評估整理成以下兩項：

1. 確認要賣股還是換股

賣股是單一支股票的評估和行動，只要公司護城河競爭優勢消失，或即使護城河還在，但股價接近昂貴價、展望趨緩，就應該減碼賣出持股。

換股則是牽涉兩檔股票，如果經過勝算評估後發現更好投資標的時，即可考量將 A 股票換成 B 股票。兩檔股票不限制要在同一族群，只要注意換股後的產業持股比例不偏差太多就好。

2. 比較個股價值評估與市價

不管是賣股或是換股，賣出持股總是希望能賣在相對高價位，這時候也可以透過本益比法價值評估協助。

本益比算出的買進時機燈號反過來就是賣出時機的燈號，也就是，買進時的綠燈是買到相對低價，但要是以同樣價格去賣出

股票，就會賣到低價，所以是賣出的紅燈；而當股價接近或甚至超過昂貴價，是買進時機的紅燈，卻是賣股的相對高價區，也就是賣出的綠燈。

圖表 2-18　買進及賣出時機的本益比燈號

價值評估	燈號	買進策略	賣出策略
股價低於合理價	綠燈	可以買進	停止賣出
股價高於合理價但接近合理價	黃燈	僅可小幅買進	停止賣出
股價高於合理價且接近昂貴價	紅燈	停止買進	可以賣出

換股前的兩項重要評估

投資過程中發現更好且便宜的投資標的，手上又沒閒置資金時，經常會出現換股的想法，尤其是股市大跌時，最容易出現想要賣出 A 股票、買進 B 股票的念頭，認為這樣會賺得比較多。換股要換得對，不會出現抓龜走鱉的窘境，可以用換股成本和換股時機來評估，才能提高獲利的機率。

1. 檢視換股成本

因為換股牽涉到兩檔標的，所以換股時的成本包括買賣時的兩次手續費和賣出時的證交稅，股票交易手續費由券商收取，每

次買進跟賣出都收取交易額的 0.1425％，部分券商會根據優惠活動提供折扣。證交稅是政府在賣出股票時收取交易額的 0.3％。

2. 選擇換股時機

　　股市大跌時換股，最常見的情形是賣出定存股、買進成長股，尤其是發生股災的時候。因為成長股的波動大，股價跌幅常會比大盤還深，定存股的波動相對較小，等股市未來反彈時，成長股的反彈力道會比定存股大，一旦股價重挫時的成長股預估殖利率和定存股的殖利率相同，成長股的勝算就比定存股更高，這時就是最佳的換股時機。**將定存股換成成長股，並且在同一個交易日完成賣出和買進，投資組合的總市值就會有顯著成長。**

第 3 章

投資市場的水、電解質及能量補給

巴菲特曾說過,你不需要成為每家公司的專家,只需要能夠評估你能力範圍內的公司就好。投資時,堅守在能力圈內行動,才能避免犯錯。

1
用大師經典擴大投資能力圈

　　「能力圈」是價值投資者堅守的原則，巴菲特曾說過，你不需要成為每家公司的專家，只需要能夠評估你能力範圍內的公司就好。能力圈的大小不是關鍵，但是了解它的邊界卻至關重要。一般投資者會接觸各種投資工具和個股，如果沒有意識到它們的專業知識已經超過自己的能力圈邊界，自以為很了解但其實只是懂得皮毛而已，這才是真正的投資風險。隨著投資知識增加和經驗累積，每個投資人的能力圈範圍都會逐漸擴大，但是投資時，堅守在能力圈邊界內行動，才能夠讓你避免犯錯。

　　巴菲特曾說他每天會閱讀 500 頁的公司財務報表，如果能夠跟隨他的精神，保證總有一天會在股市中成功，但是這樣的閱讀量應該沒有幾個人做得到，每個人一天都只有 24 小時，時間精力有限，因此投資學習只要夠用就好，找到適合自己個性的投資方法，就可以一招賺遍天下。

　　跑一場 42.195 公里的全程馬拉松，水、電解質、能量是三

大關鍵補給，而在投資的賽道上也有三大關鍵補給，首先是閱讀投資經典書籍，從各學派的投資哲學中找到適合自己個性的投資方法；其次是定期量化分析，從月營收、季報和年報的財報數字指標，計算出公司的內在價值；最後是不定期的質化分析，從股東會、法說會和券商報告增進能力圈內的知識。

價值投資三大經典

投資經典書籍是投資人最好的朋友，不管在投資賽道上遇到什麼困難，你都可以向它求助，而它也永遠不會背棄你。

談到價值投資，大家第一個想到的會是股神巴菲特。巴菲特曾經說，他的投資哲學 85% 來自班傑明・葛拉漢，15% 來自於菲利普・費雪。葛拉漢是巴菲特的老師，被尊稱為「價值投資之父」，費雪則是被尊稱為「成長股價值投資之父」，因此價值投資一定要從閱讀葛拉漢、費雪和巴菲特的經典著作開始。

《智慧型股票投資人》（*The Intelligent Investor*）

葛拉漢的《智慧型股票投資人》書中先介紹「投資」與「投機」的差別，再將投資人分成「防禦型投資者」與「積極型投資者」兩類，說明兩者的投資組合策略與做法，最後一章談價值投資的核心概念「安全邊際」。

我覺得特別有收穫的是「安全邊際」的概念，尋找便宜股票的量化分析方式。安全邊際是投資人在購買股票時，股價和所

評估價值之間的差距，如果某檔股票價值 200 元，而以股價 160元買進，安全邊際就是 20%，計算方式是（160－200）÷200＝-20%。安全邊際越高，股票風險越小，越令人安心。這也是投資前要先學會的個股價值評估，也是計算合理價、在股價低於合理價時買進的理論基礎。

$$\text{安全邊際}=\frac{\text{股價}-\text{股票價值}}{\text{股票價值}}\times100\%$$

《非常潛力股》

（*Common Stocks and Uncommon Profits and Other Writings*）

費雪的《非常潛力股》是談論成長型股票的經典，書中提出挑選優質股的十五項要點，介紹費雪的投資哲學「閒聊法」，藉由跟公司的管理團隊、供應商、競爭者、客戶、離職員工等關係人聊天，取得公司財報和公開訊息以外的資訊，來確認公司的成長潛力。

「閒聊法」開啟我對標的進行質化分析的想法，從此改變我的投資研究方法，開始參加個股公司的相關展覽活動，例如中保科（9917）的智慧城市展、德麥（1264）的國際烘焙暨設備展，在看展時可以趁機和公司員工聊天，也能從旁觀察消費者對公司

產品和服務的反應。此外，我也開始參加公司股東會和法人說明會，直接跟公司的管理團隊互動，也了解法人研究員對公司營運的提問，和公司的回答，能得到公司財報和公開訊息外的資訊。

《巴菲特寫給股東的信》（*The Essays of Warren Buffett*）

巴菲特沒有親筆寫書，但每年都會寫一封信給波克夏股東，《巴菲特寫給股東的信》是一本完整收錄巴菲特致波克夏股東信的書，有系統的介紹巴菲特的企業經營和價值投資理念。

我自從學習巴菲特的價值投資後，就買進波克夏公司的股票，成為巴菲特的合夥人，每年閱讀巴菲特寫給股東的信，參加線上股東會，學習投資理念和對市場的觀察，把它當作上價值投資課程來持續學習。

被動投資必讀書

談到被動投資，第一個想到的會是約翰‧柏格。柏格是美國先鋒集團（Vanguard Group）創辦人，也是第一個指數型 ETF 的發明人。現在指數型基金已經廣為投資人認同，要操作被動投資，就應該從閱讀柏格的經典著作開始。

柏格在《約翰柏格投資常識》書中談到成功投資講求的是常識，致勝策略就是買進低成本的指數型基金，並永久持有，取得接近指數的報酬。本書也談到股票與債券的資產配置，及退休投資人的資產配置規畫。

　　我自從學習伯格的投資常識後，就開始買進先鋒集團追蹤美國標準普爾 500 指數的指數型 ETF──美國標準普爾 500 ETF（VOO），台股則是買進台灣 50（0050），指數化投資代表參與這個市場的所有投資人取得的加權平均報酬，我把它們視為投資配速員，和自己的投資組合持股作績效評比，只要長期投資績效優於投資配速員，這檔股票就會續留在投資組合，若是績效劣於投資配速員，則會剔除。

探討投資心理選書

　　除了巴菲特的價值投資，和柏格的指數投資之外，還有三位投資大師非常值得學習，分別是傳奇基金經理人彼得・林區、橡樹資本管理公司創辦人霍華・馬克斯，及德國股神安德烈・科斯托蘭尼。

《彼得林區選股戰略》（*One Up on Wall Street*）

　　彼得・林區在富達基金任職期間，擔任過麥哲倫基金經理人 13 年，這段時間他的年化報酬率高達 29.2％。這本書提到散戶的優勢是「生活選股」，從自己所從事的產業、家裡附近的購物中心出發尋找目標，就能比華爾街專家搶先發現讓你投資增值 10 倍的「十壘安打」股票。林區將股票分成 6 大類型：緩慢成長股、穩健成長股、快速成長股、景氣循環股、資產股、轉機股，公司會隨著時間演進到不同類型，投資人必須了解手中持股

公司的類型及持有理由，採取不同的投資策略。

　　林區的「生活選股」投資哲學深深影響我的投資組合選股，因此我買進的標的都是以民生消費產業為主，像是食品類股和環保類股，這些都是生活中會不斷接觸的熟悉事物，產品與服務也相對簡單，容易理解。

《投資最重要的事》（*The Most Important Thing Illuminated*）

　　霍華・馬克斯創辦橡樹資本管理公司，會以「投資備忘錄」與客戶及投資人分享自己的投資洞見，巴菲特曾提到，他只要在郵件信箱看到投資備忘錄，一定會馬上打開閱讀。《投資最重要的事》濃縮了馬克斯歷年來的投資備忘錄和價值投資心得，總結成 20 項原則，巴菲特也說過這本書他讀了兩遍。

　　在投資最重要的 20 件事中，我認為「第二層思考」的觀念最經典。什麼是第二層思考？一般投資人在遇到好標的時會有第一層思考：「這是一家好公司，就買這支股票吧！」有第二層思考的人則會說：「這是一家好公司，但每個人都認為這家公司很好，所以這不是好公司。這支股票的股價被高估，市價過高，所以賣出！」投資者想獲得比市場報酬更多的績效，需要卓越的洞察力、採取與眾不同的行為，我也以此自我期許和學習。

《一個投機者的告白之證券心理學》（*Kostolanys Börsenpsy-chologie: Vorlesungen am Kaffeehaustisch*）

科斯托蘭尼的投資智慧精華共有三本經典著作，包括《一個投機者的告白》、《金錢遊戲》、《證券心理學》，其中《證券心理學》說明在證券市場中需要的思考和心態，本書提出的核心理念包括心理學造就 90％ 的股市行情、群眾是無知的、趨勢等於資金加上心理、遛狗理論、二乘二等於五減一。

其中的遛狗理論，是說明價格（狗）會跑來跑去（漲漲跌跌），但最終還是會回歸到經濟或企業的真正價值（主人）身邊；二乘二等於五減一則是說明，長期投資一定可以達成目標，只是中間的路程絕不是一條直線。科斯托蘭尼這兩個理念，是我面對股市波動時能保持正確思考和穩定心態的有力後盾。

圖表 3-1　投資大師經典書單

書名	作者	出版社
《智慧型股票投資人》	班傑明・葛拉漢（Benjamin Graham）、傑森・茲威格（Jason Zweig）	寰宇出版
《非常潛力股》	菲利普・費雪（Philip A. Fisher）	寰宇出版
《巴菲特寫給股東的信》	華倫・巴菲特（Warren Buffett）、勞倫斯・康寧漢（Lawrence A. Cunningham）	時報出版
《彼得林區選股戰略》	彼得・林區（Peter Lynch）、約翰・羅斯查得（John Rothchild）	財信出版
《投資最重要的事》	霍華・馬克斯（Howard Marks）	商業周刊
《一個投機者的告白之證券心理學》	安德烈・科斯托蘭尼（André Kostolany）	商業周刊

2

定期量化分析，
掌握公司健診狀況

　　量化分析是指用各種數字與數學方法來分析一家公司的內在
價值，例如運用每股盈餘來比較同產業的不同公司，就是量化分
析的範疇。

　　財務報表是研究個股基本面的核心，就像是企業的健康檢查
報告，可以告訴股東哪個檢查項目出現紅字。要做量化分析，就
必須看得懂財報，能夠針對損益表、資產負債表和現金流量表的
各科目，了解財報指標的意義。

用營收及稅前淨利預估每股盈餘

　　「營業收入」是企業成長動能的關鍵，上市櫃公司依規定須
於每月 10 日前公告上月營收狀況，如遇假日延後。隨著月營收
與部分公司自結損益（稅前淨利）公布，在季報出來之前，投資
人可以先預估當季每股盈餘，掌握投資個股的獲利或衰退趨勢，
超前部署策略。在等待財報的空窗期，有些個股會提前反應，有

些則會落後反應，我們做的就是評估價值與股價之間的關係，買進被低估的股票。

　　每股盈餘的預估方法是加總當期季營收、季稅前淨利，再與歷史每股盈餘相比較（見圖表 3-3），至於要採用上期或去年同期進行試算，則要依公司屬性不同而調整。一般來說，每年有淡旺季區別的產業，選擇去年同期的資料會比較貼近事實。要注意的是，這個方法僅適用於營運穩定的公司，因為損益表裡的會計科目主要包括營收、毛利、營業利益、業外收益、所得稅等諸多變數，因此這樣的預估只能掌握趨勢，無法提供準確數字。

圖表 3-2　敦陽科（2480）營收資訊

　　依規定，上市櫃公司必須公告月營收，有些企業會直接刊載在公司官網的投資人服務專區裡，例如敦陽科（2480）即同時也揭露每月毛利率及稅前每股盈餘等數據，可以多加利用。

圖表 3-3　營收狀況資訊查詢

1. 查詢月營收資訊（以大地-KY〔8437〕為例）

　　透過公開資訊觀測站（https://mops.twse.com.tw/mops/web/index），（1）點選左側「月營收資訊查詢」；（2）輸入個股代碼後點選查詢；（3）下方即會出現公司月營收報告，如果月營收異常會在備註欄位說明；（4）在「最新資料」的下拉式選單點選「歷史資料」，再依序點選年度及月份，即可查詢歷史營收資料。

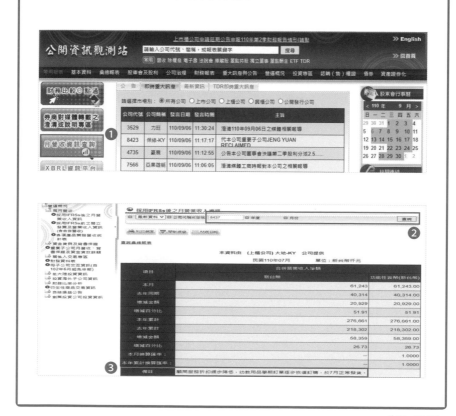

（接下頁）

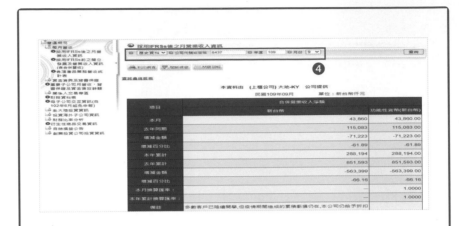

2. 查詢各項產品業務營收（以可寧衛〔8422〕為例）

在公開資訊觀測站（https://mops.twse.com.tw/mops/web/index），（1）點選左側「月營收資訊查詢」；（2）左側點選「各項產品業務營收統計表」；（3）輸入個股代碼後點選查詢，下方即會出現公司各項產品業務營收數據；（4）在「最新資料」的下拉式選單點選「歷史資料」，再依序點選年度及月份，即可查詢歷史同期數據。

（接下頁）

3. 查詢自結損益（以崑鼎〔6803〕為例）

　　在公開資訊觀測站（https://mops.twse.com.tw/mops/web/index），（1）點選左側「月營收資訊查詢」；（2）左側點選「自結損益公告／自結損益公告-月申報」；（3）輸入個股代碼及年度後，點選查詢，下方即會出現該年度各月份的自結損益數據。

3

不定期質化分析，
了解股價背後的真相

　　質化分析是運用非量化的資料來分析公司，進一步產出分析的過程與歸納結論。要進行質化分析，必須具備能力圈內的知識，也就是要充分了解該公司所屬的產業、公司產品與服務、經營管理運作狀況等，透過這些知識來協助思考和判斷量化分析所呈現的數字是否合理。要提升質化分析的能力，可以透過參加股東會與公司經理人互動、參加法人說明會收集財務報表上看不出來的資訊，以及參考券商研究報告提供的關鍵資訊。

參加股東會，直接聽公司經理人怎麼說

　　股東會是價值型投資人和公司經營團隊互動的好機會，股東會上可以了解公司未來營運計畫，針對相關議題發言詢問，藉此檢視經理人進行質化分析，身為股東一定要好好把握這一年一度難得的機會。參加股東會前還有一些準備工作要先做到，下面依股東會前、股東會當天、股東會後，這三個時間順序說明。

股東會前：確認開會通知書，閱讀年報

　　想參加上市櫃公司的股東會，只需在股東會停止辦理過戶日前買進公司股票即可參加，依據法令規定，在股東會召開前 60 日內、股東臨時會前 30 日內就會停止辦理股票過戶，各家公司會把停止過戶起始日期和截止日期公告在公開資訊觀測站上（見圖表 3-4）。公司在召開股東會的 30 日前，會寄發開會紙本通知書給股東，但多數公司不會主動寄通知書給零股股東，因此零股股東若是想要參加股東會，必須主動聯繫該公司的股務代理公司（欲查詢公司股務單位資料，請見第 141 頁圖表 3-5），要求補發開會通知書。

　　通知書上會清楚標示本次股東會是否發放紀念品，不少投資人很重視股東紀念品，但我反而不希望自己投資的公司發送，因為羊毛出在羊身上，紀念品的成本最後還是由股東買單。

　　作為價值型投資人，一定要先閱讀股東會年報，其中的「致股東報告書」更是重中之重，因為董事長會在這裡向股東報告過去一年的營業結果、營業計畫概要、未來公司發展策略、外部競爭環境、法規環境及總體經營環境之影響。年報的內容有別於每季季報的財務數字，會有更多質化分析的資訊，先做功課，在股東會上才有提問的依據，即使無法參加股東會，也建議還是要閱讀股東會年報，「致股東報告書」更是不容錯過（欲查詢股東會年報，請見第 142 頁圖表 3-6）。

圖表 3-4　查詢停止過戶起訖日期

　　在公開資訊觀測站（https://mops.twse.com.tw/mops/web/index），（1）點選「股東會及股利／股東常會(臨時會)公告／召開股東常(臨時)會及受益人大會」；（2）輸入個股代碼後點選查詢；（3）在下方出現的公告列表點按「詳細資料」；（4）在跳出視窗中即可查看「停止股票過戶起訖日期」。

（接下頁）

召開股東常(臨時)會及受益人大會(94.5.5後之上市櫃/興櫃公司)

召開股東常會之公告

公司代號：2480　公司名稱：敦陽科

一、公告序號：1

二、股東會種類：股東常會

三、主旨：

補充公告(紀念品)敦陽科技股份有限公司董事會決議召開110年股東常會公告

四、依據：

依公司法及證券交易法相關規定暨本公司民國110年2月26日董事會決議辦理。

五、公告事項：

（一）開會日期：110年5月28日

（二）停止股票過戶起訖日期：110年3月30日至110年5月28日

❹ 債券換股權利證書及轉換公司債停止轉換(過戶)之起訖日期：

（三）開會時間：09時00分(24小時制)

股東會當天：股東詢問與經營團隊回覆是重頭戲

股東會進行時會按照議事手冊議程，表決相關議案，股東可以在現場投票，或事先參加電子投票，這是既有的法定程序。

股東會真正的重頭戲，是股東與經營團隊之間的問與答，這個時段會依公司規模大小而有不同的進行方式。大公司會提供發言臺，股東需要事先提交發言單，依序走到發言臺提問，再由經營團隊回覆。小公司則通常是在股東會結束後，由經營團隊和股東以聊天的方式進行，這時可以提問或在旁觀察，由於正式會議已經結束，經營團隊也比較會暢所欲言。

圖表 3-5　查詢股務代理公司

在臺灣集中保管結算所網站（https://www.tdcc.com.tw/portal/zh），（1）點選「資料查詢/統計／公司股務單位資料」；（2）輸入個股代碼後點選查詢；（3）下方就會顯示該標的的股務代理公司資料。

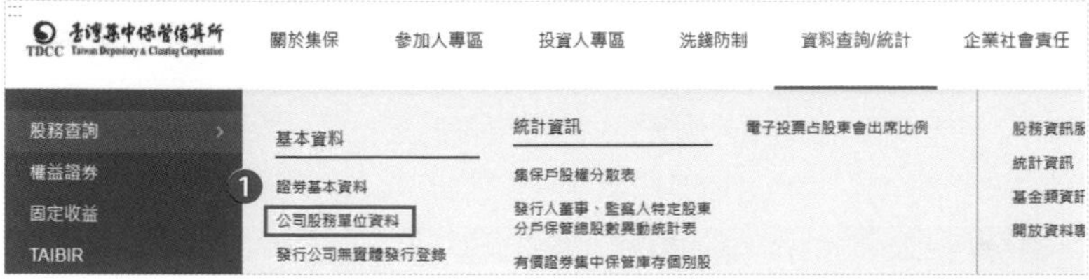

圖表 3-6　查詢股東會年報

　　在公開資訊觀測站（https://mops.twse.com.tw/mops/web/index），（1）點選「基本資料／被投資控股公司基本資料」；（2）在左側點選「電子書／年報及股東會相關資料」；（3）輸入個股代碼及年度後，點選查詢；（4）在跳出視窗中有股東會所有相關資料的列表，包括開會通知、會議議事手冊、股東會相關議案參考資料、股東會年報等，點選連結即可下載年報檔案。

電子資料查詢作業

公司名稱：敦陽科

財務報告更(補)正：為該公司最近一次更
補正資訊，該公司歷次 更補正資訊，請
至「財務報告更(補)正 查詢作業」查詢

證券代號	資料年度	資料類型	結案類型	股東會性質	資料細節說明	備註	電子檔案	檔案大小	上傳日期
2480	110 年	股東會相關資料		常會	開會通知		2021_2480_20210528F01.pdf	370,558	110/04/22 15:43:20
2480	110 年	股東會相關資料		常會	英文版-開會通知		2021_2480_20210528FE1.pdf	180,611	110/04/27 15:22:51
2480	110 年	股東會相關資料		常會	股東會各項議案參考資料		2021_2480_20210528F13.pdf	130,032	110/04/27 15:27:04
2480	110 年	股東會相關資料		常會	議事手冊及會議補充資料		2021_2480_20210528F02.pdf	2,782,207	110/04/27 15:38:54
2480	109 年	股東會相關資料		常會	股東會年報		2020_2480_20210528F04.pdf	2,778,012	110/05/11 14:46:05
2480	110 年	股東會相關資料		常會	年報前十大股東相互間關係表		2021_2480_20210528F17.pdf	558,856	110/05/11 14:46:29
2480	110 年	股東會相關資料		常會	股東會議事錄		2021_2480_20210528F05.pdf	5,428,694	110/07/26 18:30:29

倘無法順利開啟電子檔案，請注意電腦是否具備相關讀檔軟體
Adobe reader建議安裝8.0(含)以上

股東會後：彙整問答紀錄以供日後追蹤

不管是自己或是其他股東，每個投資人在股東會上提出的問題都是很有價值的，因為這些都是股東所關心的事項，經營團隊的回覆更是日後追蹤的指標，包括是否言過其實？可信度如何？都會影響長期投資這家公司的信心。（我在股東會後都會彙整股東詢問與經營團隊回覆紀錄，相關文章可見「阿福の投資馬拉松」（https://vocus.cc/investmarathon/home）的「法說會與股東會」分頁。）

參加法人說明會，收集財報上沒有的情報

上市公司會主動召開法人說明會（簡稱法說會），或是受邀參加由證券交易所等其他單位主辦的會議，目的是向法人投資人說明公司營運狀況及未來展望，法說會最後的問答時間，公司的高階主管如董事長、總經理、財務長也會針對投資人的問題進行回答，這是財務報表上看不到的資訊，也是第一手資訊。

法說會的主要對象是法人機構的研究部門專業分析師，這些分析師聽取公司的報告後，會發表對於這家公司的研究報告和投資評等，因此法說會成為公司和法人溝通的管道，一般投資人若有機會參加法說會，就可以了解和學習這些專業分析師如何評估

理財小知識：什麼是三大法人

三大法人是指外資、投信、自營商。

「外資」是投入臺灣以外資金的外國機構投資者，像是摩根大通、美商高盛、美林、香港上海滙豐等。

「投信」即是投資信託股份有限公司，資金來源是集合投資人的錢代為操作。

「自營商」是指券商以自己的資金買賣，賺賠都是券商自己的錢。

一家公司。

由於法說會的對象是法人，不是一般個人投資者，所以大多數的公司法說會只讓法人機構參加，但也有部分主辦者會允許個人投資者參與，可以參考接下來說明的法說會資訊來源及報名程序，但如果遇到主辦者婉拒報名，必須理解這是正常狀況。

法說會參加方式

法說會有四種舉辦方法，包括：由證券交易所主辦，公司受邀參加；證券櫃檯買賣中心主辦，公司受邀參加；公司自行舉辦；證券商主辦，公司受邀參加。由於因應防範疫情，近期的法說會多半採取線上進行，但在非疫情的正常情況下，大多是實體的面對面會議。

由證券交易所主辦的法說會，按慣例都會線上直播，會後再提供錄影檔，進入臺灣證券交易所影音傳播網（https://webpro. twse.com.tw/webportal/vod/101/?categoryId=101），即可觀看直播或錄影檔，不需要報名。

證券櫃檯買賣中心主辦的法說會也會提供線上直播及會後錄影檔，可以進入櫃買中心官網的線上直播專區（https://www. tpex.org.tw/web/service/conference/live.php?l=zh-tw）觀看直播，或是在櫃買影音專區（https://www.tpex.org.tw/web/about/news/media/media_gallery.php?l=zh-tw）點選會後錄影檔觀看，兩種都不需要事先報名，但若是觀看直播時有相關問題想要提問，就需

圖表 3-7　查詢法人說明會資訊

在公開資訊觀測站（https://mops.twse.com.tw/mops/web/index），（1）點選「常用報表／法人說明會一覽表」；（2）輸入市場別、召開年度（月份可忽略不填）、公司代號等篩選條件後，點選查詢，即會出現列表，法說會資訊包括：日期、時間、地點、擇要訊息、簡報內容、影音連結資訊及歷年法說會資訊。

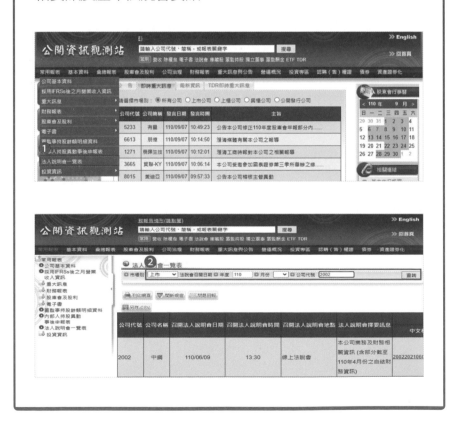

要事先報名並輸入提問內容。

公司自行舉辦的法說會，可以在公司網站的投資人關係網頁找到相關資訊，投資人若想參加需要報名，會後也會提供錄影檔或錄音檔。券商主辦的法說會，區分為由外資券商或是國內券商舉辦兩種，外資券商主辦的法說會只會提供法人參加，一律婉拒散戶投資人；而國內券商主辦的法說會，則會視情況同意散戶參加，但需要事先報名。

在公開資訊觀測站的法人說明會一覽表裡（見圖表 3-7），「法人說明會擇要訊息」這一欄會寫明是網路會議，或是實體會議的參加方式及網址，一般投資人即可依照說明參加。如果沒有提供參加方式，可以直接聯絡券商的法人部，說明想報名哪一場法說會，聯絡窗口會詢問是哪一家公司想參加法說會，這時請回答「投資人」或是「長期股東」，如果已是該券商的客戶，也可以補充說明是客戶。只要不是熱門場次，或是報名人數已額滿，券商通常會接受報名。以我的經驗，也曾遇過券商需要先詢問公司是否接受一般投資人參加，才能回覆是否接受報名。一旦接受報名，券商會留下報名者的姓名及電話，法說會當天會有簽到表，屆時簽名進場即可。

參考券商研究報告裡的關鍵資訊

券商提出的個股研究報告，是分析師參加法說會或訪談後，彙整公司營運現況，分析出財務比率與估值，提供給客戶買入、

圖表 3-8　台積電官網法說會資訊

　　以台積電 2021 Q2 法人說明會為例，進入台積電公司網站的投資人關係網頁，即可取得法說會線上會議的連結，會前是直播連結，會後則更新為重播連結。

臺灣證券交易所	證券櫃檯買賣中心	證券櫃檯買賣中心
影音傳播網 QR Code	線上直播專區 QR Code	櫃買影音專區 QR Code

持有或賣出股票的建議。一般投資人可以免費取得國內券商的研究報告，至於外資券商或基金公司的研究報告，則都需要付費才能取得。

如何取得證券投顧的研究報告？

投資人要了解公司營運現況，除了關注新聞媒體報導之外，參加股東會與法說會，和公司經理人互動是個好方法，若是沒有時間精力參加手上每一家持股公司的活動，閱讀券商研究報告是另一種管道，只要是券商的客戶，就能夠免費取得該證券投顧的研究報告。

每一家券商研究的個股公司不同，如果平時往來券商提供的研究報告沒有包括想要了解的公司，可以瀏覽各大證券投顧網站，看看哪家券商有提供，就可以考慮在該券商開戶，再經過簡單的設定，之後每當公布新的研究報告時，就會透過電子郵件自動寄送過來。

如何讀懂券商研究報告？

券商研究報告內容主要包含日期、公司營運現況與預測、財報分析與價值評估、投資建議等項目。整份研究報告中最有參考價值的地方，是公司營運現況和未來成長動能，其他部分都有各種原因導致不準確，可以忽略不看。

其中可以參考公司營運目前面臨的挑戰，例如營收衰退和毛

利率下降的原因；公司未來成長所採取的行動，例如擴大產能或加大行銷廣告支出等。這些都是新聞媒體只會報導片段資訊，或是根本沒有報導的，投資人可以藉由法說會後的這些報告，自己做出評估判斷與投資策略。

舉例來說，環保業個股日友（8341）是醫療廢棄物與有害事業廢棄物處理業者，在中國的數個投資案是公司未來成長動能，這些投資案會經過市場調研、環評、建廠、完工申請執照等時程，何時可以進展到哪個階段會顯著影響公司未來營收及獲利，藉由研究報告資訊，可以了解投資案最新進度和預計時程，幫助我們建立短期和長期的投資策略。

至於推估當季、當年度、明年度的營收、稅後淨利、每股盈餘及年增率、調高或調降盈餘的預估，由於預估數字牽涉到研究員的主觀判斷和假設，再加上營運的不確定性，這些對未來成長速度的假設常常不準，可以忽略不參考。此外，研究員經由這些假設條件提出的投資評等和目標價、報告建議買進或賣出，也都可以略過不看。

第**4**章

打造和你最速配的
投資組合

最速配的投資組合是各個標的漲跌互見，但總結下來的
總市值和總股息是持續上漲，這樣心裡會比較踏實，不
會受別人的影響而產生焦慮。

1

投資組合配置最重要的事

　　只要符合你的投資目標、投資哲學，就是與你最速配的投資組合，因此，首先要確定你是什麼樣的投資人，再考量可以承受的風險是多少，最後組合出能讓你安心不焦慮、晚上睡得著的配置方法。

依投資人類型決定標的

　　投資人可以區分為主動型、被動型，以及兩者兼顧的平衡型，不同類型的投資人，投資標的與配置方法不同，如何判斷自己是哪一種類型，這取決於你的投資個性。接下來將說明各類型投資人特性、適合什麼樣的投資標的，協助你判斷自己適合的投資類型、投資標的，打造最速配的投資組合。

被動型投資人

　　被動型投資人的特性是**不想花太多時間在投資研究**，認為自

已無法打敗大盤，**不追求像股神巴菲特的高績效報酬，只要取得市場平均報酬**就感到滿意，能夠安心睡得著覺、均衡人生最重要。指數型 ETF 是選擇持有一籃子不同產業的股票，不是單一個股，能取得貼近指數的市場平均報酬，因此適合被動型投資人來投資。

指數型 ETF 包括股票型、債券型、商品型等種類，股票型 ETF 是追蹤大範圍股價指數，可再細分為單一國家指數、區域指數、產業指數或者特定主題的指數，例如台灣 50（0050）即屬於單一國家的指數，而元大高股息（0056）則是以高股息為主題的指數。債券型 ETF 區分為公債 ETF、投資等級債 ETF、高收益債 ETF，也會依據投資地區或存續期間不同進行區分，例如元大美債 20 年（00679B）是追蹤 ICE 美國政府 20+ 年期債券指數。商品型 ETF 主要包括石油、黃金、白銀、銅、黃豆等五大類，例如期元大 S&P 石油（00642U）的投資標的，就是追蹤美國標準普爾高盛原油 ER 指數。

主動型投資人

主動型投資人的特性是**有時間作投資研究，會以自己的投資策略來建構投資組合，想追求高於市場平均報酬的績效，也願意承擔高波動的風險**，期望目標是選對股票獲利翻倍，但就算選錯股票也能接受停損了結。這樣的投資個性，適合的標的很多，只要符合自己的選股策略，不限於哪個產業或類型都可以投資。

平衡型投資人

　　這個類型的投資人會兼顧主動與被動投資，因此投資組合會同時包括上述兩種資產，可以先安排被動投資與主動投資大方向的比例，再分配個別的標的組合。

配置投資組合時的三大考量

1. 個人狀態：年齡、工作、資金狀況

　　不同年紀和經濟狀況會影響投資組合的配置，年輕有穩定工作收入的人，適合配置較高比例的股票型 ETF 或成長股來長期投資，雖然短期殖利率低，但因為成長快速，長期的股息回報會比較大。

　　而年長者或退休族，因為即將退休或已經退休沒有固定收入，穩定的股息配發就很重要，因此適合配置較高比例的債券型 ETF 或高殖利率定存股，獲取穩定的股息。殖利率的評比對象是定存，只要能夠領取高於定存利率四或五倍的股息，就可以納入組合。

2. 分散風險

　　天有不測風雲，人有旦夕禍福，任何企業都會有突發狀況的時候，即使是「護國神山」台積電（2330），也會有機臺在安裝軟體時操作失誤，造成產線中毒大當機，影響公司營運的意外。

因此，投資組合不只要在能力圈內選股，集中投資於熟悉的產業和個股，還要同時注意分散風險，不要把全部資金都壓在單一類股或單一個股上，我以自己的投資經驗，歸納出來三個集中投資的守則：

1. 最多選擇 12 檔標的，太多檔會照顧不來。

2. 單一產業類股比例不超過 30％，分別配置不同產業才能分散風險。

3. 單一個股比例不超過 20％。

3. 現金比例

投資帳戶要預留一部分現金作為隨時加碼時運用，建議留存 5％～10％，當有不理性的股價下跌時，才有資金可以撿便宜。這份現金建議存入數位帳戶，目前數位帳戶活存利率約有 1％～

⑤ 理財小知識：數位帳戶

數位帳戶是銀行將部分業務數位化，讓客戶能夠透過網路直接操作幾乎所有銀行功能的帳號。數位帳戶沒有紙本存摺，節省了紙張及人工成本，因此可以提供比較高的活存利率給存戶。

1.2％，比郵局一年期定存利率高，可以事先和券商交割帳戶建立約定轉帳，當有股票交割時再轉帳即可。

總市值和總股息都要穩定成長

每個公司的營運成長時間不一定，股價表現反應也不同，所以，**最速配的投資組合是各個標的漲跌互見，但總結下來的總市值和總股息是持續上漲**，這樣心裡會比較踏實，不會眼看其他人的股票上漲，自己的持股沒有漲，甚至下跌，而產生焦慮。

大盤上漲或下跌時，指數型 ETF 會同步上漲或下跌，大盤盤整、各類股輪流表現是常態，這時候投資組合裡上漲的股票可

圖表 4-1　臺灣三級警戒期間的統一超（2912）K 線圖

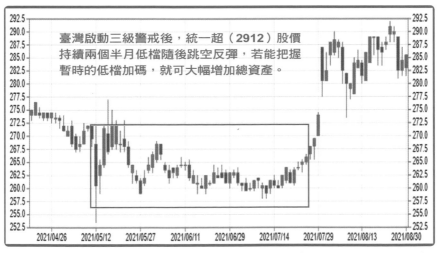

臺灣啟動三級警戒後，統一超（2912）股價持續兩個半月低檔隨後跳空反彈，若能把握暫時的低檔加碼，就可大幅增加總資產。

（資料來源：台灣股市資訊網）

以不予理會，只需關注股價下跌的族群就好。如果判斷下跌原因是遇到暫時的麻煩事，並不影響產業內公司的長期競爭力，就可以持續買進，忍耐一時的單一類股或個股下跌而出現的帳面虧損，趁機加碼擴大持股量，耐心等待業績轉佳後的股價上漲。投資必須以 10 年時間來思考，短期股價下跌反而正是買進機會。

至於什麼狀況算是「暫時的麻煩事」，新冠肺炎就是一個例子。因為臺灣疫情嚴峻，臺北都會區在 2021 年 5 月 15 日提升疫情警戒至第三級，4 天後的 5 月 19 日起警戒範圍擴大至全國，民眾居家辦公、上課，使得便利商店的來客人流減少，部分門市被迫暫停營業，連帶影響營收狀況，但這是短期的影響，並不影

圖表 4-2　臺灣三級警戒期間的全家（5903）K 線圖

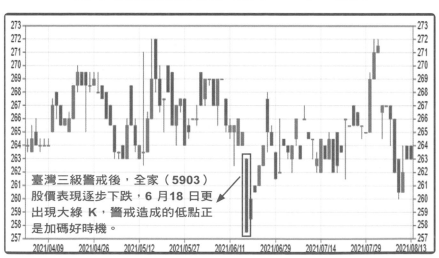

臺灣三級警戒後，全家（5903）
股價表現逐步下跌，6 月 18 日更
出現大綠 K，警戒造成的低點正
是加碼好時機。

（資料來源：台灣股市資訊網）

響便利商店業的長期競爭力，也不影響產業內的競爭結構，隨著
疫情警戒降級、防疫政策鬆綁，營運可望回復正常，警戒造成的
短期股價下跌反而正是加碼買進的機會。

2

我的 4 大配速員

　　巴菲特曾在 2018 年致股東信中，使用「森林」和「樹林」來說明波克夏公司的評價，在波克夏森林體系裡包含五個賴以成功的小樹林：非保險業務的子公司（持股 80% 以上）、股權投資的公司（持股 5%～10%）、跟其他公司合夥經營的公司、國庫券、現金或固定收益資產及保險公司。而**我的投資組合森林裡，也有三個賴以退休的小樹林：投資標竿、食品類股、環保類股。**

　　在投資標竿這個樹林裡，巴菲特的價值投資以及約翰・柏格的指數型基金投資都是我的導師，因此我以巴菲特執掌的控股公司波克夏（BRK.B）作為價值投資標竿，並選擇柏格創辦的先鋒集團的美國標準普爾 500 ETF（VOO）作為被動投資標竿，再加上代表臺灣股市的台灣 50（0050）及元大高股息（0056），這四支標的就像專業的配速員，在投資的賽道上一路帶領我實現財富自由。

波克夏（BRK.B）

對於有投資美股的投資人來說，波克夏（BRK.B）是非常好的配速員，它有兩組美股代號分別是 BRK.A 及 BRK.B，1,500 股的 BRK.B 相當於 1 股的 BRK.A。一般新聞媒體大多只關注波克夏（BRK.B）股權投資公司的異動，事實上，它的價值是由這五座小樹林共同組成。

選擇波克夏（BRK.B）作為標竿，是主動型投資人進行價值投資的首選，藉由每年致股東信和股東會的訊息，可以學習到巴菲特的投資思維，進而檢視自己的投資策略有沒有遵循巴菲特的投資理念？投資績效是否和巴菲特同步？

🄢 理財小知識：波克夏的 A 股及 B 股

波克夏有兩組美股代號 BRK.A 及 BRK.B，通常稱為 A 股及 B 股，兩者的差別不只是股數不同，股東可以行使的權利也不同，持有 A 股的股東有企業的經營決策權，B 股股東則只有一般所有權，一般投資人買賣的基本上都是 B 股。不只是波克夏，許多科技公司也採用這種股權結構，例如谷歌（交易代號 GOOG、GOOGL）。

股權投資前 10 大持股（截至 2021 年 6 月 30 日止）

　　波克夏（BRK.B）的前 10 大持股公司依序為蘋果電腦（AAPL）、美國銀行（BAC）、美國運通（AXP）、可口可樂（KO）、卡夫亨氏（KHC）、穆迪（MCO，美國三大信貸評級機構之一）、威訊通訊（VZ）、美國合眾銀行（USB）、德維特（DVA，洗腎血液透析公司）、特許通訊（CHTR）。這 10 個標的占波克夏（BRK.B）總投資部位的 87.5％，第一大的蘋果電腦持股比更高達 41.46％，充分表現出巴菲特的集中投資哲學。

投資策略：買進然後持有

　　對於長期投資波克夏（BRK.B），我的策略是「買進然後持有」，持股時間越久，獲利會越多。至於買點則是使用股價淨值比（Price to Book ratio，簡稱 P／B Ratio），也就是股價相對於每股淨值的比例來衡量，當股價淨值比小於 1.2 時就買進。YCHARTS 網站提供波克夏（BRK.B）每個交易日的股價淨值比，投資人可以善用這個免費的資訊來源。由下頁圖表 4-3 可以得知，最近兩次股價淨值比小於 1.2 的好買點出現在 2020 年 3 月及 10 月。

美國標準普爾 500 ETF（VOO）

　　由柏格創辦的先鋒集團發行，追蹤美國標準普爾 500 指數的指數型 ETF，也是美股投資人不容錯過的配速員，它的代號是

圖表 4-3 波克夏（BRK.B）近 5 年股價淨值比

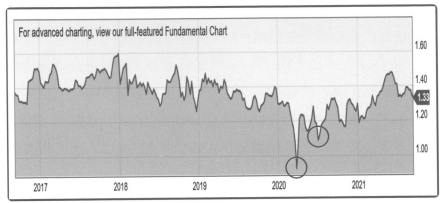

（資料來源：YCHARTS 網站）

YCHARTS 網站
波克夏（BRK.B）
頁面 QR Code

VOO。這支指數型 ETF 追蹤美國市值前 500 大的公司，成分股會定期檢視調整，包括科技、金融、醫療保健等 11 種產業，確實做到分散風險。

　　會選擇美國標準普爾 500 ETF（VOO）作為「指數基金投資」的標竿，主要原因是它選擇美國 500 家大型企業為成分股，是最多投資人會參考也最具代表性的指數，此外還可以藉由投資這檔標的追隨約翰‧柏格。波克夏每年的年報上都會提供波克夏（BRK.B）和美國標準普爾 500 ETF（VOO）的年化報酬率，可

以藉此比較主動投資和被動投資的績效差異。

前 10 大持股（截至 2021 年 7 月 31 日止）

美國標準普爾 500 ETF（VOO）的前 10 大持股依序為蘋果電腦（AAPL）、微軟（MSFT）、亞馬遜（AMZN）、臉書（FB Class A）、Google 母公司 Alphabet 的 A 股（GOOGL）及 C 股（GOOG）、波克夏（BRK.B）、特斯拉（TSLA）、輝達（NVDA）、摩根大通（JPM），占總投資部位的 27.44％，產業囊括電腦、半導體、資訊服務、生技醫療、汽車等不同領域，充分表現出指數型基金的分散投資哲學。

投資策略：資產配置加上定期再平衡

我在美股市場的被動投資策略，是使用美國標準普爾 500 ETF（VOO）搭配 iShares 7～10 年期美國公債 ETF（IEF）進行資產配置，依據年齡來設定股債的比例，美國標準普爾 500 ETF（VOO）是成長性資產，比例為 100 減掉年齡，剩下的就是美國公債，之後每年年底最後一個交易日的時候，根據年齡增長再平衡。例如 40 歲這一年的投資比例，美國標準普爾 500 ETF（VOO）為 60％，iShares 7～10 年期美國公債 ETF（IEF）為 40％，年底時進行再平衡，美國標準普爾 500 ETF（VOO）減為 59％，iShares 7～10 年期美國公債 ETF（IEF）增加為 41％。

台灣 50（0050）

台灣 50 指數是由上市股票中評選出市值前 50 大的標的組成，涵蓋電子、金融、傳產等族群，投資風險分散，績效與大盤同步。成分股審核採每季調整，於 3、6、9、12 月第三個星期五後的下一個交易日生效。目前追蹤台灣 50 指數的指數型 ETF 有兩檔，分別是台灣 50（0050）和富邦台 50（006208）。

會選擇台灣 50（0050）作為台股被動投資標竿，除了承襲柏格的指數投資理念之外，它是成立最早、規模最大、最具代表性的指數型 ETF，作為成長股的配速員，可以藉此比較自己在台股市場上主動投資和被動投資的績效差異。

圖表 4-4　阿福的美股股債配置策略

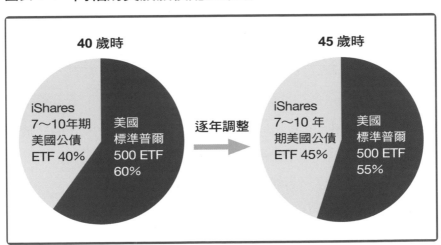

前 10 大持股（截至 2021 年 7 月 31 日止）

　　台灣 50（0050）的成分股中，前 10 大企業依序為：台積電（2330）、聯發科（2454）、鴻海（2317）、聯電（2303）、台達電（2308）、富邦金（2881）、南亞（1303）、台塑（1301）、國泰金（2882）、中鋼（2002），完全複製台灣 50 指數，占總投資部位的 71.19%。

投資策略：定期定額，買進加上相對低檔單筆買進

　　由於台灣 50（0050）和富邦台 50（006208）追蹤的是同一個指數，所以我安排的投資比重是平均持有，每個月定期定額買進，當台股在相對低檔區（台股指數日 K 值小於 20）時，再單筆加碼分批買進。

元大高股息（0056）

　　元大高股息（0056）屬於以高股息為特定主題的指數型投資，並不是真正的被動投資，成分股是從台灣 50 指數及台灣中型 100 指數中挑選出符合流動性測試標準，且預測未來一年現金股利殖利率最高的 30 檔股票。每半年會審核調整成分股，於 6 月及 12 月第三個星期五後的下一交易日生效。

　　由於我在台股的投資組合會納入高殖利率的定存股，將元大高股息（0056）視為定存股的配速員，可以藉此比較台股主動投資選股和高股息投資標竿的績效差異。

前 10 大持股（截至 2021 年 7 月 31 日止）

　　元大高股息（0056）的前 10 大持股依序為長榮（2603）、友達（2409）、大聯大（3702）、緯創（3231）、群創（3481）、興富發（2542）、群光（2385）、台泥（1101）、仁寶（2324）、華碩（2357），占總投資部位的 41.45％。

投資策略：定期定額，買進加上相對低檔單筆買進

　　每月定期定額買進，當價位在相對低檔區（殖利率大於 5％，或 K 值小於 20）時，再另外加碼單筆分批買進。

配速員可以幫忙配速，也可以直接買它就好

　　配速存股策略是選擇投資標竿擔任配速員，投資組合個股定期與配速員進行績效評比，如果你的個股績效超過配速員績效，表示你適合主動投資而且績效表現優異，可以繼續保持下去。如果你的個股績效輸給配速員績效，則請停下腳步檢討可能原因，並採取因應行動。

　　1. 當你了解個股績效暫時落後的原因，並且對於未來成長動能有信心，請耐心持有手中標的，並在股價低於合理價時加速買進。

　　2. 當你不了解個股績效暫時落後的原因，也無法判斷未來成長動能如何，則請進行換股，另外選擇投資勝算更高的標的。

　　3. 當你已經很努力且投入時間研究股票，個股績效仍然輸

　　給配速員，那麼請考慮認輸，建議直接投資配速員，進行被動投資，增加持有指數型 ETF 的比例。

　　第 1 章討論投資績效評估方法時提到，巴菲特選擇以 5 年的相對績效來衡量表現，但實務上會以年化報酬率來進行績效評比，這是因為不同時間長短的報酬率無法比較，因此把時間變成以一年為單位。個股的年化報酬率則可透過 MoneyCome.in 網站查詢。（見圖表 4-5）

圖表 4-5　個股年化報酬率查詢

　　下列以台灣 50（0050）及元大高股息（0056）2016年～2020 年的績效為例，查詢投入 100 萬元資金，且每年現金股利再投入的年化報酬率會是多少。

　　透過 MoneyCome.in 網站（https://www.moneycome.in/），（1）點選「智慧工具／複利比較」；（2）依序填入要查詢的個股編號、本金、每年投入金額、年份，勾選「每年現金股利再投入」後，點選「比較」；（3）即可得到台灣 50（0050）的年化報酬率為 18.1%，元大高股息（0056）的年化報酬率為 11.6%。

（接下頁）

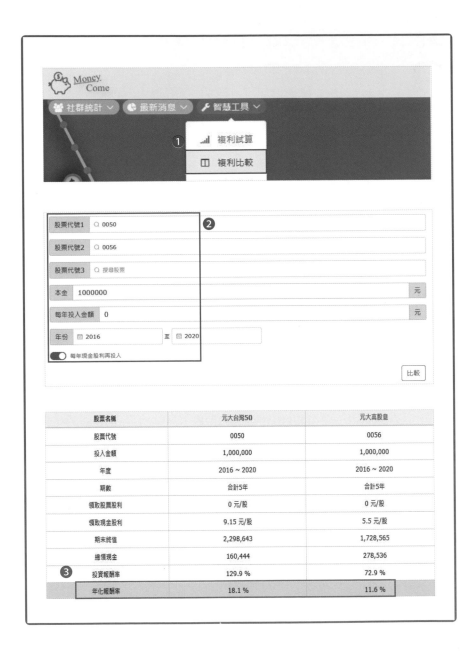

3

我的投資組合
——食品類股選股

　　食衣住行育樂是民生六大需求，「民以食為天」在這次新冠疫情爆發後看得更清楚，即使是天塌下來，總還是要填飽肚子。從人類對於食品有持續性需求可以判斷出，食品類產品不會有太大變化，不需花太多的研發費用，還可以反映通貨膨脹調漲價格，廠商多半能有穩定持續的獲利，因此食品類股是長期投資的好選擇。

　　目前上市櫃食品類股有二十多檔標的，選股時還是要從護城河投資優勢來著手，例如擁有「轉換成本」護城河的食品原料供應商鮮活果汁-KY（1256）和德麥（1264），將產品服務與客戶營運緊密結合，客戶很難轉換使用其他競爭者。擁有「品牌」護城河的中華食（4205）是盒裝豆腐龍頭廠商，在超市、大賣場鋪貨的第一品牌，品牌熟悉度使消費者願意持續重複消費。

鮮活果汁-KY（1256）

鮮活是專營中國市場的飲品原料供應商，產品為供應連鎖餐飲系統及食品加工廠的濃縮果汁、風味糖漿或相關果醬、天然果粉等，作為非包裝現調果汁風味飲品之原料。

該公司在 2020 年的法說會上提及，根據中國國家統計局資料顯示，中國大陸餐飲業以年平均 10% 以上的規模持續成長，鮮活位於整個產業的中游，產業面前景健康，公司仍不斷有快速成長機會。另外在 2020 年度年報也提到，在研發創新上可以提供客製化配方，讓客戶能與同業區隔維持競爭優勢；在經銷商操作上，一方面持續提供產品知識培訓，另一方面對經銷商的產品售價設有下限，不允許低價銷售，使公司有穩定利潤來源。

在未來發展方面，昆山廠、天津廠、廣東廠都已藉由改善生產技術及擴增產線提升產能，另外規畫三年內回臺灣設廠，考慮發展東南亞市場，在站穩中國市場後要攻外銷，帶來新成長動能。至於 2020 年度年報上提及的同業競爭激烈、中國人工成本上升、原物料價格波動、飲品原料及添加劑的安全性、節能環保要求日趨嚴格等五大不利因素，都有賴公司妥善因應，避免成長不如預期。

德麥（1264）

德麥（1264）是臺灣最大的烘焙原物料供應商，全臺客戶覆蓋率超過 90%，除了臺灣市場之外，還供應包括中國、馬來西

圖表 4-6　鮮活果汁-KY（1256）近 5 年季營收　（單位：億元）

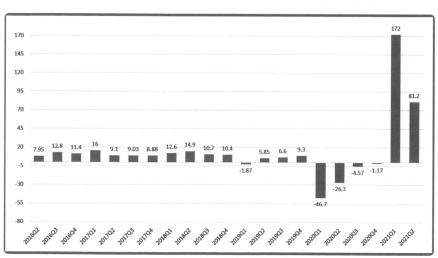

（資料來源：台灣股市資訊網）

圖表 4-7　鮮活果汁-KY（1256）近 5 年季營收年增率　（％）

（資料來源：台灣股市資訊網）

亞、香港等地的烘焙業。同時在臺灣獨家代理法國兩大品牌──
專營起士、鮮奶油、奶酪等乳製品的愛樂薇（Elle & Vire）及奶
油品牌藍絲可（LESCURE），共同推升業績增長。

　　由於中國的人均消費水準日漸增高，帶動生活節奏及餐飲消
費結構都有大幅的變化，烘焙產品開始進入快速增長的時期，因
應經營中國市場的多角化布局包括：以 50% 的持股比例與荷蘭
商芝蘭雅（Zeelandia）合資成立芝蘭雅（無錫），生產、銷售和
進口頂級的烘焙原料；推出日本進口麵粉、片狀牛油、淡奶油、
輕鬆打蛋糕預拌粉等可以帶動其他產品銷售的「戰略產品」；經
營強調產地直送、專營乳製品的新型態通路「奶吧」，及烘焙學

圖表 4-8　德麥（1264）近 5 年季營收　　　　　　（單位：億元）

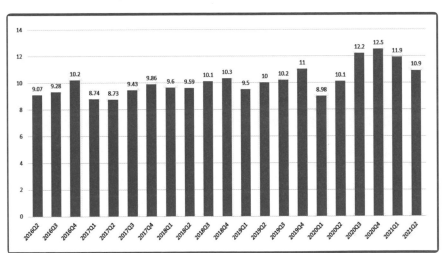

（資料來源：台灣股市資訊網）

圖表 4-9　德麥（1264）近 5 年季營收年增率　　　　　（％）

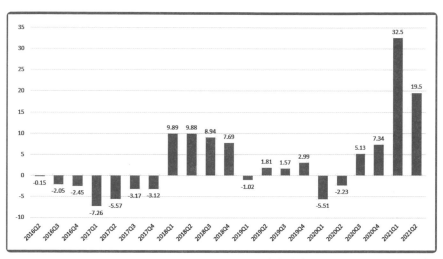

（資料來源：台灣股市資訊網）

校等非傳統通路。另一項強大資本是擁有一支專業烘焙師團隊，
運用德麥（1264）的原物料產品研發各種半成品，並指導客戶如
何烘焙，讓客戶以直接採購代替自行調配，避免價格競爭。

　　全球原物料價格偶爾會有波動（例如奶油價格），進而影響
成本，但從歷史經驗看來影響都不大，再加上擁有多家國際品牌
在臺灣的代理權，各品牌都有穩定的消費族群，足以支撐業績穩
健成長。而在中國市場，透過新產品和新客戶策略，加上無錫廠
完工投產，業績可望快速飆升。此外，德麥也已規畫進軍美國和
印尼，新市場的表現值得關注。

中華食（4205）

中華食（4205）為臺灣知名豆腐產品生產廠商，以生產黃豆加工食品為主，產品主要分為豆腐類、甜點類與冷凍類食品，超市及便利商店都看得到的中華豆腐、中華豆花、中華甜愛玉等，就是他們的產品。

公司的競爭優勢是對於產品具有「訂價權」，黃豆價格自2020 年底以來已經揚升超過兩成，形成產品成本上漲壓力，在2021 年 7 月起已經陸續調高產品價格 5%～10%，但由於通路端透過壓縮促銷價調節，所以一般消費者並無感受，不影響購買意願。

圖表 4-10　中華食（4205）近 5 年季營收　　（單位：億元）

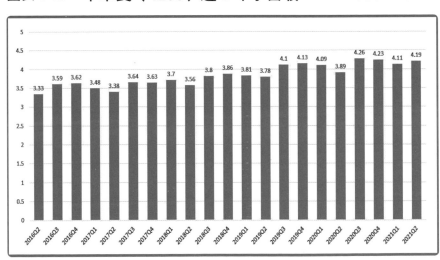

（資料來源：台灣股市資訊網）

圖表 4-11　中華食（4205）近 5 年季營收年增率　　　　（％）

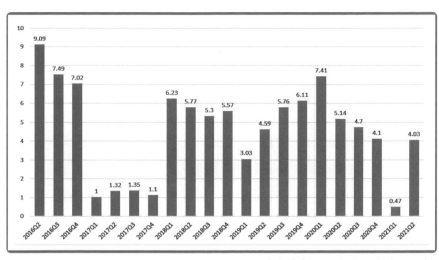

（資料來源：台灣股市資訊網）

理財小知識：訂價權

　　當廠商調漲商品價格後，顧客不受價格變貴的影響，仍然願意繼續購買商品，就表示廠商掌握決定價格的主控權（並非一個實際的權利），一般稱為訂價權。

　　擁有訂價權的大多屬於民生必需品的廠商，科技產品較無法掌握訂價權，因為一旦價格調高，消費者可能會選擇不買或甚至改買競爭對手的產品，因此科技產品的價格通常只會越來越便宜。

未來成長動能來自屏東潮州擴廠投資，這個擴廠案已於 2020 年 9 月送件申請，原因是高雄大樹廠訂單已滿載，廠區沒有可再擴充的空間，擴充屏東潮州廠的生產產能，有助生產效益提升。而影響公司獲利的風險則來自於成本波動，像是 2019 年第 1 季的雞蛋價格上漲、2020 年底開始的黃豆價格上漲、船運成本因黃豆進口時的運價而變化等，這些都會影響短期的毛利率，公司需透過調高產品價格來因應。

與配速員的績效評比

觀察個股獲利與配息，可以把公司區分為成長股或定存股，然後給予對應的投資配速員進行績效評比，成長股是指公司獲利持續成長，而且高於市場或產業平均速度；定存股是指公司獲利穩定，具高殖利率。公司類型會隨著營運和獲利調整而改變，成長股的成長速度一旦趨緩就會變成定存股，定存股當營運改善獲利成長也會轉變為成長股。因此了解公司營運與獲利狀況，才能在績效評比期間，給予適合的配速員。

選定近 5 年（2016 年～2020 年）為評比期間，觀察鮮活果汁-KY（1256）、德麥（1264）、中華食（4207）的營運與獲利，分別歸類如下：

1. 鮮活果汁-KY（1256）：公司獲利快速成長 2.43 倍，列為成長股。

2. 德麥（1264）：公司獲利穩定成長 21%，殖利率約

5%，列為定存股。

　　3. 中華食（4207）：公司獲利快速成長 51%，因此列為成長股。

　　再以近 5 年的績效和配速員相比，可以發現鮮活果汁-KY（1256）和中華食（4205）的績效高於成長股配速員台灣 50（0050）的年化報酬率；德麥（1264）績效高於定存股的配速員元大高股息（0056）的年化報酬率（見下頁圖表 4-14），三檔個股的年化報酬率均超過配速員，通過本次定期檢查，即可維持目前的投資方式。

圖表 4-12　三檔個股近 5 年母公司業主淨利　　　（單位：千元）

公司名稱 （股票代號）	2016 年	2017 年	2018 年	2019 年	2020 年
鮮活果汁-KY （1256）	226,826	286,745	441,633	548,142	778,199
德麥 （1264）	445,553	451,695	447,052	496,254	539,070
中華食 （4207）	224,947	264,974	246,285	284,973	339,841

圖表 4-13　三檔個股近 5 年現金股利

公司名稱（股票代號）	2016 年	2017 年	2018 年	2019 年	2020 年
鮮活果汁-KY（1256）	4.2	5.0	6.2（股票股利1.0）	6.2	12.0
德麥（1264）	10.0（股票股利1.0）	10.5	11.0	11.0	12.0（股票股利1.0）
中華食（4207）	1.5（股票股利1.1）	3.0	2.8	3.0	2.0（股票股利1.0）

圖表 4-14　三檔個股與配速員的評比結果

持股		配速員		評比結果
公司名稱（股票代號）	年化報酬率	公司名稱（股票代號）	年化報酬率	
鮮活果汁-KY（1256）	22.9%	台灣 50（0050）	18.1%	高於配速員，可維持目前投資方式。
中華食（4205）	27.7%	台灣 50（0050）	18.1%	高於配速員，可維持目前投資方式。
德麥（1264）	13.7%	元大高股息（0056）	11.6%	高於配速員，可維持目前投資方式。

4

我的投資組合
——環保類股選股

　　廢棄物處理產業可說是最不受景氣影響的產業，因為我們每天都會製造垃圾，不管是日常生活製造的家戶垃圾、工廠製程產生的廢料、廢水，還是醫療廢棄物、事業廢棄物，這些全都不受景氣影響。此外，由於環保團體抗爭，提高了新焚化爐及掩埋場址選定的難度，再加上資源永續及零廢棄是未來趨勢，使得目前廢棄物處理的需求仍然大於供給，也推動環保產業持續穩定成長。

　　再者，隨著環保意識抬頭，廢棄物處理的相關法令陸續公告執行，對於事業機構產生的廢棄物處理規範也已完備，這些都是環保產業的最強護城河，因此環保類股也成為我的投資組合選擇。

日友（8341）

　　日友（8341）是臺灣第一家專業生物醫療廢棄物焚化處理

廠，並進入有害廢棄物處理領域，在 2012 年取得中區事業廢棄物綜合處理中心經營權，設置日友彰濱廠，同時具備有害廢棄物清運、焚化、固化、物化及掩埋最終處理等項目，有效整合有害廢棄物上、中、下游一條龍式的專業服務。2003 年起進軍中國北京成立北京潤泰，拓展醫療廢棄物處理業務，在新冠肺炎疫情時，是北京唯一指定處理新冠肺炎醫療廢棄物的環保企業。

　　由於臺灣的業務趨於穩定，未來較大的成長空間在中國投資案，除了北京潤泰廠外，還有山東日照磐岳廠、山西運城廠、江蘇宿遷廠。日友董事長在 2021 年股東會時說明，目前大陸危險廢棄物市場過度競爭，這一領域未來將放緩腳步，大陸市場會朝

圖表 4-15　日友（8341）近 5 年季營收　　　　（單位：億元）

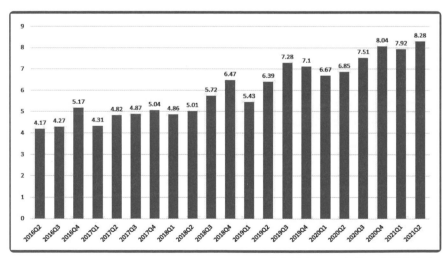

（資料來源：台灣股市資訊網）

圖表 4-16　日友（8341）近 5 年季營收年增率　　　　（％）

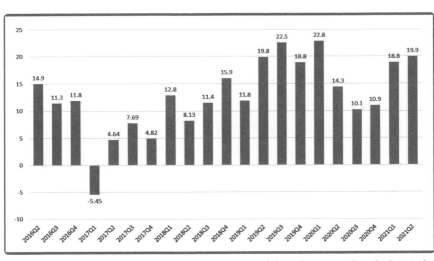

（資料來源：台灣股市資訊網）

醫療廢棄物處理布局，目前已經在談三個建廠案，確定後將依規定公告。

　　北京潤泰的醫療廢棄物處理實績，有助於獲得中國其他城市的投資機會，是未來成長動能。但是需要留意中國政府政策與環保法令改變，會直接影響大陸投資的方向及程度，這次轉攻醫療廢棄物處理市場，即是對於中國政府要推動減碳，開始管制危險廢棄物廠，並且積極推動醫療廢棄物廠的因應。

崑鼎（6803）

　　崑鼎（6803）是中鼎集團的子公司，提供資源循環產業相關

之專業投資與營運服務，業務主要區分為焚化及機電維護、太陽光電、回收再利用領域。

根據 2021 年第三次法說會資訊，在焚化領域已有桃園市生質能中心，及彰濱資源化處理中心的成功案例，未來 3 年內預計還有 10 座焚化廠合約到期，可以引用過去的經驗與中鼎集團合作，爭取與執行國內各焚化廠的整改案與後續營運承包。在太陽光電方面，由於政府已設定 2025 年 20GW（GW 為電量單位，即 10 億瓦）太陽光電裝置目標，崑鼎（6803）今年已併聯 5 案、申設及興建中 38 案，營運共計 138 個太陽能案。

另一個值得期待的經營項目是回收再利用領域，將國內半導

圖表 4-17　崑鼎（6803）近 5 年季營收　　　　（單位：億元）

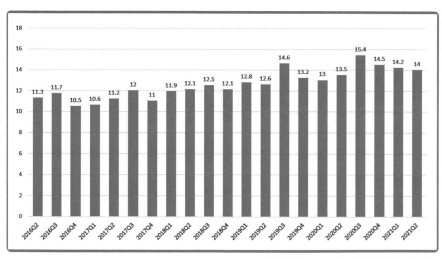

（資料來源：台灣股市資訊網）

圖表 4-18　崑鼎（6803）近 5 年季營收年增率　　　（%）

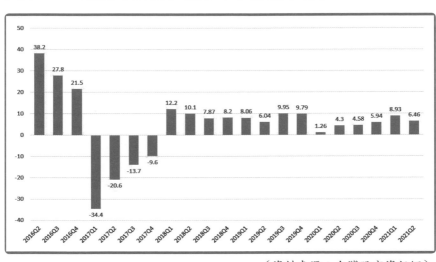

（資料來源：台灣股市資訊網）

體製程中產生的低濃度異丙醇（IPA）廢液進行純化後再利用，目前已取得科技部通案再利用資格，隨著國內半導體業者不斷擴充，廢異丙醇回收業務可望持續成長。

　　由於主要業務仰賴政府單位的標案，一旦未順利得標，勢必削弱績效，但全球環保及綠能趨勢明確，崑鼎（6803）具備規畫及執行的豐富經驗，與中鼎集團合作爭取，應可不受影響。

可寧衛（8422）

　　可寧衛（8422）是國內掩埋及處理產能最大的廢棄物處理業者，業務範疇為有害及一般（無害）之事業廢棄物清運、處理及

最終處置，旗下有廢棄物清運團隊、一般事業廢棄物掩埋場、有害事業廢棄物處理後之掩埋場。

近年來積極擴大業務，垂直布局環保產業，成為臺灣環保整體解決方案的領導者，增加集團之廢棄物處理方式，將不適合直接最終掩埋的廢棄物轉介至適宜的處理方式，藉此最大化現有掩埋場的儲量產值。另外囊括包含太陽能發電、有害廢棄物高溫焚化爐、廢電子產品回收技術等轉投資事業，環保整體解決方案目標是建構臺灣環保媒合平臺，去除傳統不透明的交易環境。

由於廢棄物掩埋處理場地及執照取得不易，即便現役的兩座掩埋場壽命可達約 15 年，獲利來源穩定，仍積極爭取位在高雄

圖表 4-19　可寧衛（8422）近 5 年季營收　（單位：億元）

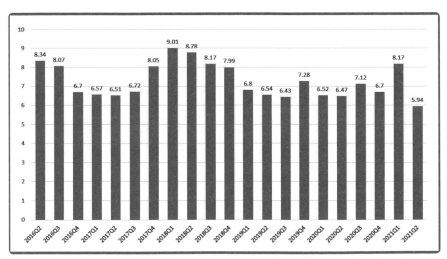

（資料來源：台灣股市資訊網）

圖表 4-20　可寧衛（8422）近 5 年季營收年增率　　（％）

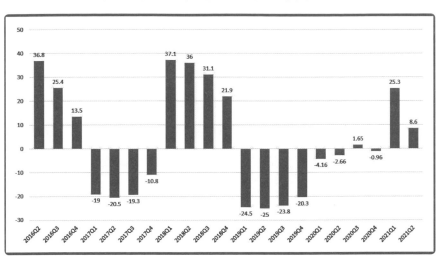

（資料來源：台灣股市資訊網）

市馬頭山的循環經濟園區掩埋場的環評通過，後續發展需持續觀察。但另一方面，其在高雄大發工業區的事業廢棄物處理廠二期焚化設施，已經通過環境影響差異分析的審查，預計 2023 年完工投產，加上規畫設置汽電共生廠，以焚燒高熱質的廢棄物進行發電，並計畫在高雄市彌陀區設置太陽能發電廠，預計年發電量約 8,700 萬度，年營收約 3.92 億元，總營運仍然樂觀。此外，轉投資腳步積極朝向循環經濟理念邁進，計畫於嘉義地區開展廢棄物能源化、廢紙回收與蒸汽鍋爐事業，成長可期。

與配速員的績效評比

同樣以近 5 年（2016 年～2020 年）為評比期間，觀察日友（8341）、崑鼎（6803）、可寧衛（8422）的營運及獲利，結果分別為：

1. 日友（8341）：公司獲利快速成長 62％，屬於成長股。

2. 崑鼎（6803）：公司獲利穩定，平均殖利率約 5.6％，為定存股。

3. 可寧衛（8422）：公司獲利減少 18％，平均殖利率約 5.6％，為定存股。

與配速員的績效評比後可見（見第 190 頁圖表 4-23），日友（8341）及可寧衛（8422）的年化報酬率均輸給配速員，表示

圖表 4-21　三檔個股近 5 年母公司業主淨利　（單位：千元）

公司名稱 （股票代號）	2016 年	2017 年	2018 年	2019 年	2020 年
日友 （8341）	613,762	783,785	823,361	992,998	993,948
崑鼎 （6803）	848,097	761,339	806,912	811,312	842,254
可寧衛 （8422）	1,441,053	1,363,498	1,320,610	1,178,988	1,177,219

圖表 4-22　三檔個股近 5 年現金股利

公司名稱 （股票代號）	2016 年	2017 年	2018 年	2019 年	2020 年
日友 （8341）	4.50	6.00	6.50	8.00	8.20
崑鼎 （6803）	11.37	9.68	10.82	10.83	11.00
可寧衛 （8422）	11.50	11.00	10.00	10.00	10.00

未通過本次定期檢查，需要停下腳步檢討可能原因，並採取因應行動。

　　經過檢討後發現，近年台股整體市場呈現多頭走勢，台灣50（0050）與元大高股息（0056）的績效表現亮眼，在類股輪動之下，個股績效很有可能輸給配速員，在這樣的情況下可以耐心持有，等待市場發現個股價值後上漲。透過環保類股的競爭優勢與未來展望分析，對於未來成長動能仍具信心，接下來的投資策略為繼續投資環保類股，並在個股股價低於合理價時加速買進。

圖表 4-23　三檔個股與配速員的評比結果

持股		配速員		評比結果
公司名稱（股票代號）	年化報酬率	公司名稱（股票代號）	年化報酬率	
日友（8341）	16.8%	台灣 50（0050）	18.1%	低於配速員，應檢討原因，採取因應對策。
崑鼎（6803）	12.7%	元大高股息（0056）	11.6%	高於配速員，可維持目前投資方式。
可寧衛（8422）	5.4%	元大高股息（0056）	11.6%	低於配速員，應檢討原因，採取因應對策。

第 **5** 章

讓獲利更多、
更穩定的三個策略

節省手續費、讓股票出去打工、善用配息頻率，不靠買
賣的股票賺錢方式還有很多。

1

從券商手裡省手續費，
從數位帳戶賺到高利率

　　價值投資人由於專注在公司的基本面表現及股息分配，若不是遇到超級買賣點不會輕易出手，相對於作價差不斷交易的投機客，已經省下不少交易成本。

　　投資股市的交易成本包括券商手續費及證交稅，其中證交稅是由政府固定課徵，券商手續費則是各家券商有不同的收費標準，若是使用網路下單，手續費還會更低。不同類型的投資人對於券商服務的需求不同，可說是青菜蘿蔔各有所好，年長者多半喜歡透過營業員協助下單，因為營業員具備專業可以諮詢，而且服務周到，委託買賣後不用操心後面的手續問題；年輕人則偏好自行在網路下單，券商會提供各種網路交易的優惠，可以降低交易成本。

　　很多投資人會在證券交割帳戶裡留存現金，準備隨時買股票，但現行的證券帳戶利率趨近於零，對於資金較大的投資人來說並不划算，因此有越來越多人選擇強調高利率的數位帳戶。數

位帳戶的方案內容與能夠享有高利率的條件不同，小資族的資金規模小，可以選擇存款上限較低（例如存款 12 萬元以下可享用高活存利率）但提供超高活存利率的數位帳戶；資金規模大的投資人，則適合存款上限高、簡單就能達成享有高利率的條件、提供一般活存利率水準的數位帳戶。

這些手續費、稅金、銀行利息差額，雖然在整體投資中只是小數字，但長期累積下來也會吃掉相當比例的獲利，因此接下來將聚焦在如何選擇證券商與數位帳戶，才能節省手續費又享受到交割帳戶高活存利率。

各種標的的交易成本比較

台股交易買股票時需支付券商手續費，賣出股票時除了券商手續費之外，還需支付證交稅。券商手續費率是 0.1425％，計算方式是買賣成交金額×0.1425％，現在許多券商為了爭取客戶會提供手續費優惠折扣，這也就成為大家選擇券商的考慮因素之一。證交稅率是 0.3％，計算方式是賣出成交金額×0.3％，這是由政府收取的，稅率固定。

台股的指數型 ETF 交易和股票相同，可透過國內券商、銀行或投信使用證券帳戶買賣，也同樣需要支付券商手續費及證交稅，手續費率一樣是 0.1425％，但證交稅率只有 0.1％，交易成本稍微低一點。

較特別的是債券型 ETF，雖然交易方式也與股票相同，但政

府為了活絡債券市場，在 2016 年時公布，至 2026 年底前都免徵
證交稅，交易成本更低。

圖表 5-1　各類投資交易成本

投資類型	買進成本		賣出成本	
	券商手續費	證券交易稅	券商手續費	證券交易稅
股票	買進成交金額 ×0.1425%	0	賣出成交金額 ×0.1425%	賣出成交金額 ×0.3%
指數型 ETF	買進成交金額 ×0.1425%	0	賣出成交金額 ×0.1425%	賣出成交金額 ×0.1%
債券型 ETF	買進成交金額 ×0.1425%	0	賣出成交金額 ×0.1425%	至 2026 年底前為 0

慎選券商，節省手續費

對於習慣用電子下單的投資人來說，選擇券商時考慮手續費
折扣、手續費低消費用、定期定額手續費優惠，可以節省手續費
的交易成本。

證券交易手續費折扣是各家券商爭取投資人開戶的利器，較
常見的折扣數落在 4～6 折之間，最低甚至有到 28 折，也就是交
易金額在 5,012 元以下，手續費只要 1 元（詳細算法可見第 60

頁）。2020 年 10 月 26 日開放盤中零股交易後，許多券商更提供零股交易手續費最低 1 元優惠，投資人使用零股分批買進，每次選擇手續費 1 元的最高交易金額，既可節省交易成本，也因分批買進達到平均成本的效果。

定期定額手續費優惠方面，許多券商提供只要申購金額低於上限，手續費只要 1 元，較常見的申購金額上限為 10,000 元，最高甚至到 15,000 元，投資人可根據每月預算選擇，節省交易成本。

善用數位帳戶高利活存

面對純網路銀行加入競爭，國內銀行業務都盡力數位化，並且提供數位帳戶高利活存搶客。數位帳戶的活存優惠多為短期促銷，優惠期間通常是一季或半年，選擇在哪家銀行開戶時需要比較各家方案的內容，包括活動期間、優惠內容、任務條件。當活動到期，優惠內容或條件變更時，可以重新比較優惠方案更換銀行，數位帳戶在網路就可以直接開戶，將資金移轉至更優惠的數位帳戶比想像的快速方便。

數位帳戶高利存通常伴隨存款上限較低或條件複雜的限制，必須達成好幾項條件才能享有高利率的優惠，對投資人而言，應優先選擇無存款限制或條件容易達成的銀行，較常見的存款上限為 30 萬元至 50 萬元，簡單的達成條件有帳戶當月平均財富超過 10 萬元、須綁定台股交割戶等等，甚至有些數位帳戶不需任何

條件，一般而言，活存利率達到 1.1％～1.2％ 水準的數位帳戶，
就可以列入考慮。

圖表 5-2　數位帳戶、網路銀行及純網銀比較表

項目	數位帳戶	網路銀行	純網銀
實體分行	有	有	無
實體存摺	無	有	無
提款卡	有	有	有
營業時間	24 小時	上午 9:00 至下午 3:30	24 小時
開戶方式	網路線上開戶	分行櫃開戶	網路線上開戶
行動 App	有	有	有

2

讓股票出去打工
──出借證券收利息

　　價值投資人持有股票的時間多半很長，除了每年領取股息，這些股票還有另一個獲利的管道，即是出借給別人賺取利息收入，只要向券商辦理「雙向借券」功能，就能出借股票，且不論張數或市值均可出借。

大型券商出借機會高

　　常有投資朋友提到自己的股票都沒人來借，想要提高股票出借的機會，第一步就是要選擇在比較大的券商開戶，並申請借券資格，因為大型券商的客戶數量多，比較容易聚集出借人和借券人，這是網絡效應的結果。

　　我的投資歷程總共在 8 家券商開過戶頭，以借券經驗來說，元大證券和富邦證券的股票出借機會比較大，如果不堅持一定要超過某個利率門檻才願意出借，可以分階段逐步調低出借利率，只要不是超級冷門股，順利借出的機會很高。

這兩家券商的出借利率及借券手續費不同，出借收入的算法則都是「出借股數×每日收盤價×成交費率×出借日數÷365」，採取每月結算，於每月 1 日付款，遇假日順延，感覺就像是股票界的包租公，每月固定有錢進帳。

目前國內券商幾乎都有推出 App 方便投資人用平板或手機下單，如果選擇在多家券商開戶借券，可以留意其中的「存券匯撥」功能，申請將股票撥轉至其他券商下相同身分證號碼的帳戶下，當股票借不出去時可以將股票撥轉至其他券商進行出借。

$$出借收入 = \frac{出借股數 \times 每日收盤價 \times 成交費率 \times 出借日數}{365}$$

圖表 5-3　阿福的券商借券比較

券商	可否自定出借利率	最低利率限制	手續費
元大證券	可	0.1%	出借收入×30%
富邦證券	可	0.01%	出借收入×20%

借券利率可以微調，增加出借成功機會

　　第一次設定出借利率時，可以先到證券交易所網站查詢借券資訊，了解這支個股的歷史成交費率（見下頁圖表 5-4），再參考券商提供的參考費率，如果個股有被列入借券熱門標的，設定券商的參考利率即可成交。

　　由於是長期投資並不打算作價差，所以只要股票湊足一張，就可以申請出借，能借出就能多賺利息，如果遲遲都未成交，就調降出借利率，直到出借成功為止。舉例來說，假設初始借券利率設定為 0.5％，但一直未出借成功，可以每週調降 0.1％，直到券商的最低利率為止。

　　一旦向券商申請了借券功能，就固定每週檢視手上持股的借券狀況，有時個股會被提早還券，但券商沒有機制通知出借人，透過定期檢視就可以即時採取動作。

善用每日最低保障收入機制，提高利息收入

　　有些券商的借券收入會保障每日收入至少有 1 元，少於 1 元的零頭可以無條件進位，沒有這方面保障的券商，日收入計算後就有可能會低於 1 元。善用這個保障每日最低收入的機制，能夠有利於資產市值較低且成交利率低的股票順利出借。

　　以敦陽科（2480）為例，假設以市值 70,000 元、利率 0.01％ 借出去，原本出借一張股票的年收入是 7 元（70,000 元 ×0.01％＝7 元），但在每日最低收入 1 元的保障下，出借一年

的利息收入會變成 365 元(1 元×365 天＝365 元)。再設定扣除券商手續費 20%(各家券商手續費率不同),一年會有 292 元(365 元×0.8＝292 元)的利息入袋,每日最低收入 1 元的保障讓利率從 0.01% 變成了 0.41%。

圖表 5-4　查詢個股出借歷史成交費率

透過臺灣證券交易所網站(https://www.twse.com.tw/zh/),(1)點選「產品與服務／有價證券借貸／借券資訊」;(2)在下方點選「歷史借券成交明細查詢」;(3)輸入資料期間、股票代碼後點選「查詢」;(4)即可看到個股歷史出借的成交費率。

可申請提前還券再出借的時機

已借出的利率低於市場需求費率時

　　現在券商的借券功能都有提供熱門券資訊，當已借出股票的借券利率低於目前市場上的費率時，可以申請提前還券，等收回股票後再以符合市場（較高）的費率申請出借。有些券商會提供熱門商品借入需求張數及市場費率的數據，尤其是借入需求張數的資訊極具參考價值；有些券商則是只提供熱門券資訊及參考費率，未提供需求張數，實際借券利率和參考費率的差距比較大。

　　出借的股票如果要召回，過去需要打電話委託營業員處理，而現在券商多半提供線上召回功能，作業更方便。

當股票波動大，出借成功機會高時

　　當股價連續飆漲、波動度增加，股票由冷門股變成熱門股時，就會有人想借券賣出，此時出借成功機會高，也可以申請提前還券再出借。

　　以我的持股為例，元大高股息（0056）過去股價波動不大，從來不曾出借成功過，直到 2021 年 6 月時成分股納入航運股長榮（2603）、面板股友達（2409）和群創（3481）後，波動度增加，開始有人想要借這支股票來賣，很快就在 2021 年 7 月出借成功。

　　另外一支鮮活果汁-KY（1256），我原本已以出借利率

0.1％ 借出兩張，後來它的股價從 2020 年 3 月時的最低價 159.5 元，一路攀升到 11 月創波段新高價 328 元，開始變得熱門，於是我申請提前還券，提高出借利率之後再出借，很快就在 11 月 12 日分別以 0.8％ 及 0.5％ 出借成功，比之前借出賺得更多利息收入。

股票出借後遇到除權息的權益補償時

借券的「除權息之權益補償」，是指在股票出借期間遇到除權息最後過戶日，借券人將權息返還給出借人，使出借人權益不會受損的制度。返還給出借人的配息及配股都不會另扣健保補充保費，等於實質股息收入增加。

3

善用配息頻率，
股市也能當包租公

做好投資組合與資產配置，隨著公司獲利每年成長，股息收入也能逐年增加，退休金就能源源不絕，這是財務自由的最終目標。投資時應該如何看待公司的股利政策？我們可以學習費雪和巴菲特的觀點，探討獲利公司處理盈餘的方法，選出真正優質值得投資的標的。

股息重點不在於配幾元，而是怎麼配

「成長股價值投資之父」費雪在《非常潛力股》書中談到，關於股息的紛紛擾擾，其中真正對股東有利的是，公司管理層將新增盈餘拿來轉投資，而不是作為股息發放給股東，讓他們自己進行再投資，因為股息再投資需扣所得稅及手續費，但保留盈餘可以 100% 投入企業營運，幫助公司創造更大的收益。

股息最重要也最少被提及的，是股息發放的規律性與可靠性，公司為了達到最高的成長率，會調整股息發放金額，但鮮少

改變股利政策。例如台積電（2330）的股利政策是維持每季穩定
配發現金股利，而且每年發放金額不會低於前一年。為了布局未
來幾年成長，公司重新考慮盈餘保留比率，從 2019 年第 2 季開

圖表 5-5　台積電（2330）2012 年至 2021 年股息發放金額

獲利年度	現金股利（元）	股票股利	合計（元）
2021 年第 2 季	2.750	0.000	2.750
2021 年第 1 季	2.750	0.000	2.750
2020 年第 4 季	2.500	0.000	2.500
2020 年第 3 季	2.500	0.000	2.500
2020 年第 2 季	2.500	0.000	2.500
2020 年第 1 季	2.500	0.000	2.500
2019 年第 4 季	2.500	0.000	2.500
2019 年第 3 季	2.500	0.000	2.500
2019 年第 2 季	2.500	0.000	2.500
2019 年第 1 季	2.000	0.000	2.000
2018 年	8.000	0.000	8.000
2017 年	8.000	0.000	8.000
2016 年	7.000	0.000	7.000
2015 年	6.000	0.000	6.000
2014 年	4.500	0.000	4.500
2013 年	3.000	0.000	3.000
2012 年	3.000	0.000	3.000

始轉變為每季配發 2.5 元現金股利，到 2021 年第 1 季再提高至 2.75 元，即便發放金額調整，但股利政策是一致的。

　　若想要選出真正優質的個股，就不該過於重視股息，這應該是最後考慮的事情。最不重視股息的投資人，結果通常得到最好的股息回報，把眼光放遠到 5 至 10 年後，最好的股息回報往往不是來自高股息報酬率的股票，反而來自股息殖利率相對較低的公司，即使一貫的低配息率，實際發放金額還是會逐漸增加，終究超過高股息率的股票。例如鮮活果汁-KY（1256）屬於成長股，現金股利發放率約四成至五成左右，現金股利由 2016 年的 4.2 元，逐漸增加至 2020 年的 12 元。可寧衛（8422）屬於高殖利率定存股，現金股利發放率約八成至九成左右，現金股利由 2016 年的 11.5 元，至 2020 年的 10 元。兩者對比之下，鮮活果汁-KY（1256）的實際發放金額在 2020 年度已經超過可寧衛（8422）。

股利政策始終如一才值得投資

　　波克夏（BRK.B）從來不發放股息，所以現金殖利率是零，很多股東對此感到疑惑，巴菲特在 2013 年的致股東信中便說明了波克夏（BRK.B）的股利政策。

　　巴菲特認為，一家獲利的公司有很多種處理盈餘的方法，而且方法之間並不互相排斥。公司管理層可以檢視對現有業務再投資的可能性，例如提高生產效率、開拓市場、延伸或改造產品

線，或是拓寬護城河，讓公司領先於競爭對手。保留盈餘用在尋找與現有業務無關的併購機會，或者在股價遠低於保守估計的內在價值時回購股票，是資金運用最穩妥的方法，其中，用於併購會比發放股利或回購股票讓股東獲利更多，因為將賺來的錢透過併購投資更好的事業，創造更高的報酬率，最終利益一樣會回到股東手裡。

　　股東自行拆股賣出的獲利，也會比發放股利更多，雖然持有股數變少，但總市值反而會隨著時間超過原持有股數的市值，這是因為沒發放的股利留在公司繼續營運，更多資金運用能讓公司獲利速度更快，進而反應在股價上有更好表現。巴菲特認為股利政策應該總是清晰、連貫及理性的。反覆無常的政策會迷惑股東，也會讓那些潛在投資人遠離。

不同類型投資人對股息的需求

　　股息穩定成長的股票，代表這家公司的獲利能力持續成長，投資人可以每年依個人狀況利用發放下來的股息。

　　還在工作的投資人有主動收入，可以將股息再投入股市，選擇當時價值被低估的股票加碼，繼續累積資產，達到複利效果。退休族已經沒有主動收入，股息是重要現金流來源以支應日常生活開銷，只要每年股息總收入能夠超過每年日常生活開銷，就不需要去賣股票換現金。

善用配息頻率，提供穩定現金流

　　不管是股票或指數型 ETF，現在配息頻率越來越多元，不只有一年配發一次，漸漸開始出現半年配、季配、月配，就像勞退新制帳戶的退休金，符合提領資格的勞工可以選擇「月領」或「一次領」，至於哪一種比較有利？投資人可依照個性和需求做最適合的選擇。

　　退休族期望有穩定現金流，通常偏好季配息或月配息，就像退休前會固定領薪水；還在職的投資人則多半比較不在意配息頻率，反而重視領到股息後的操作，可以加碼價值低估的標的，達成複利的效果。

　　以往大多數上市櫃公司都是採取年配息，集中在第 3 季發放，2018 年《公司法》修訂後，公司股利可以半年或一季配發一次，目前護國神山台積電（2330）即是採取季配且穩定配息的公司。股票型 ETF 的配息頻率比股票更為多元，包括年配、半年配、季配、月配，多數投資人選擇的台灣 50（0050）即是半年配發一次，而元大高股息（0056）則為年配。屬於防禦型資產的債券型 ETF，大多數則是採取季配及月配。

　　退休族期望穩定現金流，但是台股多數公司採年配息，第 3 季領完股息後要再等一整年，因此退休族應該保留未來一年日常生活所需費用，並將這筆錢存在高活存數位帳戶裡，但不可用於股票投資。如果擔心沒有自制力會花掉，建議善用郵局或銀行的短天期定存，可以自己設定每月 1 日到期後自動轉為活存，就會

像每個月固定領薪水一樣。雖然短天期定存利率比高利活存數位帳戶低，但是好處是可以提供未來一年每月的固定現金流。

由於指數型 ETF 的配息頻率比股票多元，有些投資人會規畫月配息日曆，用多檔指數型 ETF 組合，讓每個月都能收到配息。但是投資標的的選擇，仍不應該脫離護城河競爭優勢、獲利及股息穩定成長等選股本質，選出真正優質投資標的的重要性永遠大於配息頻率，而且其實配息頻率就像切披薩一樣，不管是切成 2 塊（半年配）、4 塊（季配）還是 12 塊（月配），配息的總額都是一樣的。

我的做法是同時投資平均買進台灣 50（0050）和富邦台 50（006208），由於這兩支指數型 ETF 同樣追蹤台灣 50 指數，配息頻率皆是半年配，但是除息時間不同，台灣 50（0050）在 1 月及 7 月，富邦台 50（006208）在 7 月及 11 月，因此我在一年中有三個月份可以領到股息，擁有穩定現金流。

合法避開股利所得之健保補充保費扣除額

參與除權息所拿到的股利所得，包括現金股利和股票股利，合計單筆股利達到 2 萬元（含）以上的，都會被扣除 2.11% 的補充保費。要避開這項支出，在公司全年配發股利總金額相同的條件下，可以優先選擇半年配或季配息的標的，因為規定所指的「單筆」股利，是指一次配發的股利金額，而不是年配息的總金額，採取半年配或季配息的公司，分批配息可以降低單筆的股利

金額。

　　另外，出借股票可以獲得「權益補償」，因此借券人返還的股息不用繳健保補充保費；出借股票的利息收入屬於租賃所得項目，會開立扣繳憑單，目前還不列入二代健保的收入範圍，也不會被收取健保補充保費。

圖表 5-6　台灣 50（0050）2012 年至 2021 年股息發放金額

股利發放年度	現金股利（元）	股票股利	合計（元）
2021 合計	3.4	0	3.4
2021 下半年	3.05	0	3.05
2021 上半年	0.35	0	0.35
2020 合計	3.6	0	3.6
2020 下半年	2.9	0	2.9
2020 上半年	0.7	0	0.7
2019 合計	3	0	3
2019 下半年	2.3	0	2.3
2019 上半年	0.7	0	0.7
2018 合計	2.9	0	2.9
2018 下半年	2.2	0	2.2
2018 上半年	0.7	0	0.7
2017 合計	2.4	0	2.4
2017 下半年	0.7	0	0.7
2017 上半年	1.7	0	1.7
2016 年	0.85	0	0.85
2015 年	2	0	2
2014 年	1.55	0	1.55
2013 年	1.35	0	1.35
2012 年	1.85	0	1.85

圖表 5-7　常見指數型 ETF 除息頻率

公司名稱 （股票代號） / 除息月份	1 月	2 月	3 月	4 月	5 月
元大高股息 （0056）					
台灣 50 （0050）	✓				
富邦台 50 （006208）					
國泰台灣 5G+ （00881）	✓				
富邦公司治理 （00692）					
國泰永續高股息 （00878）		✓			✓
永豐台灣 ESG （00888）	✓			✓	
中信綠能及電動車 （00896）			✓		
元大美債 20 年 （00679B）		✓			✓
富邦美債 7-10 （00695B）	✓			✓	

6 月	7 月	8 月	9 月	10 月	11 月	12 月
				✓		
	✓					
	✓				✓	
		✓				
	✓				✓	
		✓			✓	
	✓			✓		
✓			✓			✓
		✓			✓	
	✓			✓		

後記

財務自由、
提早退休後的人生藍圖

　　財務自由、提早退休後的人生都是自己的，不需要再為錢煩惱，夠用就好，重點是有時間可自由運用，還有體力可做自己想做的事。想一下你的人生要追求什麼？列出專屬自己的夢想清單，現在就開始動手做，不用等到退休後才寫，只是退休後有錢有閒可以來完成。本篇文章將帶你探討寫下專屬自己的夢想清單，打造均衡的第三人生，並分享我的第三人生藍圖。

寫下專屬自己的夢想清單

　　很多朋友其實不知道怎麼寫下夢想清單，如果覺得很難、不知從何開始，我推薦大家先去看一部好電影《一路玩到掛》（*The Bucket List*）。英文片名的原意是遺願清單，也就是想在死之前完成的事，定期更新這份清單，可以讓我們活得沒有遺憾，尤其是能在退休後逐步完成夢想，會是一件非常幸福快樂的事。跟著電影裡兩位生命剩下不到一年的主角，一起擬定最後的願望計畫、開啟實踐之旅，包括親吻世上最美的女孩、環遊世

界、大笑到流淚……，相信可以激發大家列出屬於自己夢想清單的點子。

夢想清單不一定是要賺很多錢、成為億萬富翁或達成偉大成就，它可以是別人眼中的一件小事，但對你而言卻是一項挑戰或值得紀念的事，或是小時候想做卻因某些原因放棄，現在有時間、空間可以完成的心願。就像韓劇《如蝶翩翩》裡那位 70 歲的退休爺爺，兒時無法實現芭蕾夢，長大成人後又忙著當郵差把三個子女拉拔長大，直到參加好友的喪禮才驚覺，自己的人生也即將走到最後一幕，意識到時間和生命有限，決定要完成童年時的夢想，成為一名芭蕾舞者。

打造均衡的第三人生

人的一生可以區分為三個階段，成長求學階段是第一人生，畢業後就業成家是第二人生，離開職場退休則是開啟第三人生階段。每個人生階段都有目標，第三人生的目標就是要追求生命的意義，也就是在人生的畢業典禮上為自己的人生總結時，給予什麼樣的評價。

根據內政部公布的「2020 年簡易生命表」，國人的平均壽命為 81.3 歲，其中男性 78.1 歲、女性 84.7 歲。勞動部以參加勞保之本國勞工為調查的統計資料顯示，2020 年勞工預計退休年齡平均為 61.6 歲，由此估算國人離開職場後的第三人生平均約 20 年。

　　怎麼讓第三人生感到快樂？祕訣就是去做自己有能力做、喜歡做，又有意義的事。若是以退休後每年完成三個夢想來計算，平均 20 年的第三人生裡，至少還能完成 60 個夢想。

我的第三人生藍圖

　　除了圓夢計畫之外，第三人生還有好多重要課題，包括陪伴照顧父母、與另一半相處、教養子女的家庭課題；維持身體良好機能、持續運動健身的健康課題；旅行、閱讀、學習等的興趣課題；確保被動收入足以支應生活所需的理財課題等等。而我的第三人生藍圖就是在這些課題中追求一個均衡、沒有遺憾的人生，維持運動習慣繼續跑馬拉松，保持身體健康，並且透過本書的「配速持股」投資法，達到每年被動收入提供日常生活所需的目標。在持續健康和理財課題的基礎下，我期許自己從現在開始每年完成三個夢想，並且在家庭、興趣、交友等課題，採取正向行動。

　　2021 年對我來說是提早退休第一年，也是人生重要的里程碑，接下來就和各位讀者分享我退休第一年的三個夢想及均衡人生課題行動。

1. 夢想清單

　　● 出版一本書

　　2020 年達成「財務自由、提早退休」目標後，開始萌生出

版一本書的念頭，想要把投資馬拉松路上的心得集結成冊，有系統的統整歸納「配速持股法」，並且加上實際應用的例子。邁向自由之路的經驗不一定能夠複製，但可以傳承，希望這本書可以讓投資新鮮人少走一些冤枉路。如同完成海內外大小馬拉松賽事的知名作家歐陽靖所說：「連我都能跑了，你一定也可以！」

● 考取導遊執照

旅遊是國人退休後最想做的事，可以探索新事物、感受新體驗，拓展看世界的視野。每年 12 月初是導遊領隊人員考試報名的時候，這是一個可以藉由工作來旅行的好選擇，導遊服務對象以來臺的國外旅客為主，領隊人員是以出國觀光客為主。考量到我的家庭狀況，考取導遊能兼職接待來臺觀光客，比起領隊帶團出國離家一到兩個星期，對我來說是比較可行的選擇，因此我選擇報考外語導遊，2021 年 3 月時已經通過導遊筆試，若是口試能夠順利過關，未來將有新身分——阿福導遊——了。

● 參與「3 月瘋媽祖」活動

大甲鎮瀾宮媽祖遶境進香活動被探索頻道（Discovery Channel）譽為全球三大宗教活動之一，也被聯合國教科文組織評定為「世界非物質文化遺產」。白沙屯拱天宮媽祖進香的特色是每年天數、路線皆不固定，往返路線充滿未知數，全由媽祖神轎帶領信眾前行，是我已經嚮往很多年的活動，第一次參加這個活動，擔任媽祖婆的香燈腳時，整個過程都讓我非常感動，之後便期許未來每一年都可以參與盛會。

2. 均衡人生課題

  ● 家庭

  提早退休的決定，我要特別感謝老婆的支持，由於她是國中老師，達到可以領取終身俸的資格，預計還需要任教 6 年，因此就由我這個家庭煮夫來準備大家的三餐。另外，對於上有父母需孝養，下有子女需撫育的這一代人，就像三明治一樣夾在中間，提早退休讓我有較多時間處理老小的大小事，像是岳父摔倒骨折緊急開刀、父親進行白內障手術等，我可以給親人更多的照護。

  ● 興趣

  旅行、閱讀、運動、電影都是很好的選擇，可以多方嘗試，我的期望是能終身學習，不想在老婆上班、小孩上學的時候在家沒事幹，因此搜尋社區大學、救國團相關課程資訊，也參加北一女家長會成長班的課程，聆聽各領域卓越人士的精彩演講，家長間彼此交流並參與志工活動回饋學校，參加至今除了學習成長，家長之間的感情也超好的。

  ● 交友

  離開職場後的人際關係，不再需要因為工作而維繫，不用和你討厭的人往來，可以自在的和老同學、老朋友聯絡，也可以結交新朋友。由於家住汐止，期望能結識在地的朋友，我參加了汐止社區大學的「汐止私密路徑探查」課程，每週日早上跟著老師探查古道，像是茄苳古道、姜子寮絕壁、新山夢湖等都已經有過

我的足跡，除了健行還可結交新朋友，一舉數得。

你有懷抱著什麼夢想嗎？對於第三人生有什麼想法？趁著腳還有力氣、神智還清醒的時候，趕快動手做，這會讓自己感到幸福。

國家圖書館出版品預行編目(CIP)資料

配速持股法，我月領 10 萬：月月領股息的超強資
產配置，獲利極穩化的最快方法／阿福の投資馬拉
松著. 初版 -- 臺北市：大是文化有限公司，2021.11
224 面；17×23 公分. --（Biz：376）
ISBN 978-626-7041-14-7（平裝）

1. 投資　2. 投資技術

563.5　　　　　　　　　　　　　　110016027

Biz 376

配速持股法，我月領 10 萬
月月領股息的超強資產配置，獲利極穩化的最快方法

作　　者／阿福の投資馬拉松
責任編輯／宋方儀
校對編輯／張慈婷
美術編輯／林彥君
副總編輯／顏惠君
總 編 輯／吳依瑋
發 行 人／徐仲秋
會　　計／許鳳雪
版權經理／郝麗珍
行銷企劃／徐千晴
業務助理／李秀蕙
業務專員／馬絮盈、留婉茹
業務經理／林裕安
總 經 理／陳絜吾

出 版 者／大是文化有限公司
　　　　　臺北市 100 衡陽路 7 號 8 樓
　　　　　編輯部電話：（02）23757911
　　　　　購書相關資訊請洽：（02）23757911 分機 122
　　　　　24小時讀者服務傳真：（02）23756999
　　　　　讀者服務E-mail：haom@ms28.hinet.net
郵政劃撥帳號 19983366　戶名／大是文化有限公司

法律顧問／永然聯合法律事務所
香港發行／豐達出版發行有限公司 Rich Publishing & Distribution Ltd
　　　　　香港柴灣永泰道70 號柴灣工業城第 2 期 1805 室
　　　　　Unit 1805, Ph .2, Chai Wan Ind City, 70 Wing Tai Rd, Chai Wan, Hong Kong
　　　　　電話：21726513　傳真：21724355
　　　　　E-mail：cary@subseasy.com.hk

封面設計／林雯瑛
內頁排版／顏麟驊
印　　刷／鴻霖印刷傳媒股份有限公司

初版日期／2021 年 11 月
定　　價／新臺幣 380 元
I S B N／978-626-7041-14-7
電子書I S B N／9786267041291（PDF）
　　　　　　　9786267041307（EPUB）